2018年度河北省社会科学基金青年项目"高中生数学关键能力与课程标准一致性研究"
（项目编号：HB18JY053）最终成果

高中生数学
抽象能力水平
与课程标准一致性研究

朱立明——著

中国华侨出版社

北京

图书在版编目（CIP）数据

高中生数学抽象能力水平与课程标准一致性研究 /
朱立明著. –– 北京 : 中国华侨出版社, 2020.12
  ISBN 978-7-5113-8357-0

Ⅰ.①高… Ⅱ.①朱… Ⅲ.①中学数学课—教学研究
—高中 Ⅳ.①G633.602

中国版本图书馆CIP数据核字(2020)第216468号

高中生数学抽象能力水平与课程标准一致性研究

著　　者：朱立明
责任编辑：姜薇薇　　桑梦娟
封面设计：邢海燕
经　　销：新华书店
开　　本：710mm×1000mm　　1/16
印　　张：13.25
字　　数：205千字
印　　刷：河北盛世彩捷印刷有限公司
版　　次：2020年12月第1版　　2020年12月第1次印刷
书　　号：ISBN 978-7-5113-8357-0
定　　价：45.00元

中国华侨出版社　　北京市朝阳区西坝河东里77号楼底商5号 邮编: 100028
法律顾问：陈鹰律师事务所
发 行 部：(010)64013086　　　　　传　真：(010)64018116
网　　址：www.oveaschin.com　　　E-mail：oveaschin@sina.com

序

　　数学抽象能力是《普通高中数学课程标准（2017 年版）》中要求着重培养的数学关键能力之一，数学抽象是"第一个"数学基本特征，数学抽象是"第一个"数学核心素养，数学抽象是"第一个"数学基本思想，数学恰恰是利用抽象的语言来描述现实世界的数量关系与空间形式，因此，数学抽象能力是理解数学概念、原理、法则、公式的前提条件，高中生数学抽象能力表现如何，怎样培养学生的数学抽象能力，高中生数学抽象能力与课程标准之间的吻合程度如何，这些都是数学教育领域需要认真思考的问题。朱立明博士以他承担的河北省社会科学基金青年项目为依托，以数学抽象能力与课程标准一致性为主题，历时三年研究，对高中生数学抽象能力的发展水平、表现特征及其与课程标准之间的一致性程度进行深入研究，取得系列的研究成果，本书即河北省社会科学基金青年项目"高中生数学关键能力与课程标准一致性研究"（项目编号：HB18JY053）的最终成果。

　　对于高中生数学关键能力发展水平与课程标准的一致性程度的研究，难点在于如何构建测评框架，编制测评试卷，精准描述学生的发展水平与特征，并与课程标准进行比较。本书作者通过采取学理思辨、专家咨询、问卷测量、教师访谈等方法，从课程标准出发，构建了高中生数学抽象能力的测评框架，并对高中生数学抽象能力进行测评并归纳出特征，在研究的基础上，得出以下主要结论。

第一，结合高中生认知水平，选择概念规则、数学命题与思想方法作为主题内容，观照数量关系与空间图形两个横向维度，借助课程标准中数学抽象素养的三个纵向水平，形成数学抽象能力的测评框架，这为后续的研究奠定了基础。

第二，高中生数学抽象能力实然发展水平表现一般。从不同类型学校来看，三种类型学校学生数学抽象能力存在显著性差异，三种类型学校学生对数量关系抽象的表现要好于对空间图形的抽象，中等学校学生更擅长数量关系的抽象，而优质学校的学生更擅长空间图形的抽象；从不同年级来看，三个年级学生数学抽象能力存在显著性差异，随着年级的增长学生数学抽象能力有所提升，三个年级学生对数量关系抽象要好于对空间图形的抽象，三个年级学生对数量关系的抽象均达合格水平，而高一年级学生对空间图形的抽象未达到合格标准；从不同性别来看，男生与女生数学抽象能力存在显著性差异，男生的表现略好于女生，不同性别学生对数量关系的抽象存在显著差异，男生和女生对数量关系抽象要好于对空间图形的抽象；从不同区域来看，城镇与乡村学生数学抽象能力存在显著性差异，城镇学生表现略好于乡村，不同区域学生对数量关系与空间图形的抽象均不存在显著差异，城镇学生和女生对数量关系抽象要好于对空间图形的抽象。这样的结论，对于数学教学中内容的把握有重要的意义。

第三，高中生数学抽象能力凝练成三个特征。达到水平一所具备的特征是归纳与释义，即在情境中抽象并解释数学概念，基于特例归纳简单命题，能发现情境中的数学问题；达到水平二所具备的特征是关联与构建，即将数学命题推广至一般形式，理解并构建数学知识之间的联系，能利用适切语言进行数学表达；达到水平三所具备的特征是拓展与普适，即在获得的数学结论上拓展出新的命题，能够创造通性通法解决数学问题。

第四，从校际、年级、性别、区域四个方面来看，高中生数学抽象能力各水平与课程标准一致性程度参差不齐。从不同类型学校来看，三种类型学校学生在数学抽象能力水平一、水平二上与《课程标准（2017 年版）》之间的一致性程度超过 60%，从不同年级来看，三个年级学生在数学抽象能力的水平一上与《课程标准（2017 年版）》之间的一致性程度均超过 60%，从性别类型来看，男生与女生在数学抽象能力水平一、水平二上与《课程标准（2017 年版）》之间的一致性程度均超过 60%，从区域类型来看，两种区域的学生在数学抽象能力水平一、水平二上与《课程标准（2017 年版）》之间的一致性程度均超过 60%。

本书研究的设计与方法对此类问题的相关研究具有一定的启发，对于其他数学关键能力的探究，具有理论支撑与实践指引的意义。作者采用从理论到实证，再回归理论的研究思路，运用多种研究方法融合设计、相互佐证的研究范式，首先对数学抽象能力进行文献梳理，借助专家咨询法对数学抽象能力测评框架进行构建，并以此为基础，形成测评试卷，进一步对高中生数学抽象能力进行测评，符合研究逻辑。

本书测评了高中生数学抽象能力的实然水平，凝练了其发展水平的基本特征，分析了高中生数学抽象能力发展水平与课程标准的一致性程度，较好地解决了省社科基金项目中所提出的问题，对进一步思考和探索学生数学核心素养与课程标准一致性的问题具有借鉴作用。数学学科核心素养在教学中如何落实、如何评价、如何验证其测评与课程标准之间的一致性程度，本书的相关成果无疑对以上问题的深入研究有重要价值。

王英

2020 年 4 月于唐山师范学院

目 录
CONTENTS

导 论

第一章 相关文献研究述评

第二章 研究设计与方法

第三章　高中生数学抽象能力测评框架的构建

第四章　高中生数学抽象能力的现状调查

第五章　高中生数学抽象能力水平与课程标准一致性特征

第六章　研究结论、反思与展望

附　录

导　论

第一节　研究背景

一、基于核心素养的国际数学教育变革

为增强全球化进程中的综合竞争力，各国纷纷调整教育政策，将教育目标聚焦人的关键能力与核心素养的培养，并视之为教育变革的根本指向，关键能力与核心素养的提出，是对人才质量与规格的新要求，旨在推进教育深度发展，进而迎接 21 世纪的挑战。21 世纪的人类在各个方面都得到了空前的发展，随着"互联网＋教育"、信息技术、人工智能的兴起与运用，"知识大爆炸"的时代已经来临，教育的任务已经不再是局限在教会学生知识本身，教育理论也到了"空窗期"，原来以传授知识为主的教育已经逐渐露出其弊端，因为无论学生怎么学，知识是学不完的，而且人类的学习速度远远跟不上知识的更新速度，有的时候甚至知识还没有学完就已经过时，技能还没有掌握就已经淘汰。① 世界各国都开始寻求教育改革的出路，

① 杨志成.核心素养的本质追问与实践探析[J].教育研究，2017（7）：14~20.

试图找到引领教育教学的理论框架与实践路径，从国际教育发展趋势来看，目前，各国均把关键能力作为教育改革的育人理念与课程深化的目标取向，关键能力已经成为信息时代国际教育发展的重要方向。

在数学教育领域，同样开始追求数学关键能力的培养。1989 年，全美数学教师理事会（National Council of Teachers of Mathematics，NCTM）颁布的《学校数学课程与评价标准》（*Curriculum and Evaluation Standards for School Mathematics*，简称 CSSM）首次提出数学关键能力的思想，其中蕴含了五大数学能力，即认识数学价值、数学学习自信、数学问题解决、数学交流、数学推理，并得到各国共识；2000 年，NCTM 公布的《美国学校数学教育的原则和标准》（*Principles and Standards for School Mathematics*，PSSM）再次提出包括数学交流、问题解决、数学推理、数学联系与数学表征五大数学能力；2010 年，《美国州际核心数学课程标准》（*Common Core State Standards for Mathematics*，CCSSM）进一步更新细化了数学能力：理解问题并能坚持不懈地解决问题；抽象化、量化地进行推理；构建可行的论证，评判他人的推理；数学建模；合理使用恰当的工具；关注准确性；寻求并使用结构；在不断地推理中寻求并表征规律。1994 年，芬兰颁布《综合性学校课程框架》（*Framework Curriculum for the Comprehensive School*，FCCS）开始强调问题解决能力、数学思维能力与数学理解能力，同时重视几何、统计和数与计算的基本知识和技能。2012 年，德国颁布《高中数学课程标准》，在数学能力维度描述了六大数学能力，即数学论证、数学地解决问题、数学建模、数学表征的应用、数学符号和公式以及技巧的熟练掌握和数学交流。新加坡自 2000 年以来，提出了以数学问题解决为核心的思考技能、数学推理、交流与联系等数学能力。

二、我国高中数学课程改革的持续推进

为了对接国际数学教育的发展趋势，促进学生核心素养的形成，2014年，教育部发布的《关于全面深化课程改革　落实立德树人根本任务的意见》提出，要"研究制定学生发展核心素养体系和学业质量标准"，"明确学生应具备的适应终身发展和社会发展需要的必备品格和关键能力"，突出强调个人修养、社会关爱、家国情怀，更加注重自主发展、合作参与、创新实践。"各级各类学校要从实际情况和学生特点出发，把核心素养和学业质量要求落实到各学科教学中"。由于教育观念由原来的以知识为本转变为以人为本，人们更加注重对学生的关注，更加注重学生的数学核心素养，为此，有必要从素养发展的角度来对不同学科在不同学段的核心素养进行研究，实现核心素养在各学科各学段的垂直贯通。数学核心素养是以培养能够适应现代社会生活的公民为目标，以教育各阶段相应的数学核心知识为载体，培养学生数学核心能力（外显表现），引导学生形成数学思维与数学态度（内隐特质）并为后续的数学学习提供持续性支持的阶段性动态发展系统。①

2017年，中共中央办公厅、国务院办公厅印发《关于深化教育体制机制改革的意见》提出，要注重培养支撑终身发展、适应时代要求的关键能力。在培养学生基础知识和基本技能的过程中，强化学生关键能力培养，重点培养认知能力、合作能力、创新能力、职业能力，目前我国课程以分科课程为主，学科关键能力也是我国深化课程改革的新诉求。2018年，教育部印发了《普通高中数学课程标准（2017年版）》（以下简称《课程标准（2017年版）》），本次课程标准的修订，充分借鉴了国际课程改革的优秀成

---

① 朱立明.基于深化课程改革的数学核心素养体系构建[J].中国教育学刊，2016（5）：76-80.

果，在国际数学教育视野中结合我国实际情况，构建了具有中国特色的新时代数学课程标准。与 2003 年《普通高中数学课程标准（实验稿）》相比，《课程标准（2017 年版）》最大的亮点之一是凝练、提出并落实数学核心素养，这充分体现了我国数学课程与国际核心素养体系的对接，也是教育部《关于全面深化课程改革　落实立德树人根本任务的意见》中关于研究提出各学段学生发展核心素养体系的具象体现。① 相关要求根据我国对核心素养的研究，数学核心素养是指学生应具备的、适应终身发展和社会发展需要的必备数学品格和数学关键能力。数学关键能力是基于数学学科核心素养的，数学核心素养具有内隐性与外显性，其内隐性表现为学生的数学思维品质、情感、态度与价值观，而外显性表现为学生的关键能力。数学关键能力是指关键能力在数学学科上的投射，旨在借助数学学科特性来提升学生的关键能力，数学关键能力是数学教育目标的新宗旨，是数学课程教学的新内容，是数学课程标准落实的新指标。

三、能力取向的数学课堂深度教学诉求

"深度学习"概念源于人工智能的研究，让计算机从经验中进行学习，并根据层次化的概念体系来解释世界，每一个概念都是通过与某些相对简单的概念之间的关系来定义的。层次化的概念设计可以使计算机借助简单的概念来学习复杂的概念，如果将这些概念建立在彼此之上，便可以绘制得到一张"深"（多层次）的图，因此称之为深度学习。由此可知，最初的深度学习是对不同概念之间关系的描述，通过组合低层次概念的特征，进而形成更高一阶抽象层次的特征。深度学习的教学逻辑是指向学科核心素

---

① 武丽莎，朱立明.新课标背景下数学核心素养的理论意蕴与实践要求[J].天津师范大学学报（基础教育版），2018（2）：32-36.

养的教学，观照学生认知的顺序与发展，强调教学目标的聚焦与分层，注重教学内容的联结与融合，实现教学反思的验证和优化，旨在促进学生问题解决能力的培养与高阶思维的提升。深度学习的教学逻辑通过对知识与技能的习得，促进学生从学科本质的角度理解所学内容、所习技能，强化问题解决能力与实践创新能力，这种高质量的学习型导向教学可以在一定程度上改变学习者的学习习惯并提升其有效学习质量，从学会学习到爱上学习。数学课堂深度教学以提升学生数学关键能力为目标，整体探析与理解学科本质，凝练教学目标与主题，借助精心设计的问题，引发学生认知冲突，注重学习者在学习过程中的动机生成、情感激发、问题解决、知识建构、方法迁移和思维提升。

第二节　研究问题

本研究的核心是对高中生数学关键能力发展水平进行测评，进而与《课程标准（2017 年版）》进行对比，探究两者之间的一致性特征。鉴于研究精力与研究时限的束缚，本研究选择数学关键能力之一的数学抽象能力为例开展研究，以此来窥探数学其他关键能力的研究路径，为其他数学关键能力的研究提供方法借鉴与数据指引。

本研究之所以选择数学抽象能力，主要基于以下考虑：其一，抽象促进数学学科发展。史宁中教授将数学思想划分为抽象、推理与模型，抽象作为第一个数学基本思想，对于数学学科发展来说具有重要作用。一方面，通过抽象，可以在现实世界中重新获得数学概念与法则，实现从现实世界到数学世界的联结；另一方面，数学研究对象的本质是经过抽象的东西，也就是说通过直观与抽象所得到的知识，才是真正的数学知识。其二，数学抽象能力是学生的基本数学关键能力，数学抽象作为《课程标准（2017年版）》第一个数学学科核心素养，是学生需要具备的基本数学关键能力。数学抽象在学生学习数学知识与迁移过程中起着举足轻重的作用，通过数学抽象能力，学生可以获得数学概念，形成数学知识结构，提升高阶数学思维，而提升学生数学关键能力内核在于发展学生的数学抽象能力。其三，目前关于高中生数学抽象能力研究大多是以理论研究或现状测评为主，考察学生数学抽象能力与课程标准之间的一致性的研究还较少，而一致性的分析有利于教学实践中对学生数学抽象能力的培养。

基于以上分析，选取数学抽象能力为例，窥探数学关键能力。首先，需要弄清楚数学抽象能力的内涵与要素，这是我们对高中生数学关键能力进行测评的理论先导。其次，需要了解数学抽象能力在高中数学课堂教学中如何体现，对教师如何培养学生数学抽象能力做出有效的、合理的价值判断，因此，如何根据《课程标准（2017年版）》构建高中生数学抽象能力的测评框架，编制科学合理的测评题项，对学生数学抽象能力进行真实的、科学的测评，是进行一致性分析的基本前提。再次，考虑学生高中数学学习中的知识层面与心理层面的改变，由于不同年级学生的学习经验不同带来的差异性，如何根据测评框架编制测评工具，选择适当的题目，既要保证测量工具的同一性，又可以对不同阶段学生数学抽象能力进行如实测量，这是整个研究的基础条件。最后，如何找到学生数学抽象能力所在水平，是研究的关键环节，在确定好水平之后，对其进行特征分析，并将其与《课程标准（2017年版）》中涉及数学抽象能力的要求进行比较，分析其一致性，这是本研究的核心。

　　通过以上的分析可以看出，本研究的核心问题是确定高中生数学抽象能力发展水平的特征，分析学生数学抽象能力的实然水平与《课程标准（2017 年版）》的应然水平之间的吻合程度。根据研究问题的性质与特征，选择量化研究为主，辅以质性研究。本研究中研究问题分为基本研究问题（issue）与具体研究问题（problem），基本研究问题是面对的问题情境（problematic situation），甚至是在头脑中闪现出来的感觉需要解决的问题。而具体研究问题是在基本研究问题基础上更进一步细化的问题，具体研究问题是针对研究目标设置的。因此，对本研究问题再一次思考，形成本研究的基本研究问题（ι）：高中生数学抽象能力与《课程标准（2017 年版）》的一致性，具体研究问题包括以下方面内容：

　　研究问题 1（ι_1）：高中生数学抽象能力分析框架的构建；

　　研究问题 2（ι_2）：高中生数学抽象能力的测量与分析；

　　研究问题 3（ι_3）：高中生数学抽象能力发展水平的现状；

　　研究问题 4（ι_4）：高中生数学抽象能力与《课程标准（2017 年版）》的一致性分析。

　　在 ι_1 之前，需要对高中生数学抽象能力理论进行梳理，确定高中生数学抽象能力内涵与要素，这就需要从数学核心素养的视角，结合数学关键能力的相关研究，确定数学抽象能力的基本内涵，分析其特征及其内部要素。ι_1 是整个研究的基础，关于数学抽象能力分析框架的构建，主要是确定其观察点，以此为测量工具的编制提供理论依据。ι_2 与 ι_3 是在 ι_1 的基础上对高中生数学抽象能力发展水平的综合分析，所划分的水平是 ι_4 的比对对象，对四个基本研究问题进一步细化。

　　研究问题 1（ι_1）——高中生数学抽象能力分析框架的构建：

P1.1 高中生数学抽象能力的构成是什么？

P1.2 高中生数学抽象能力的维度及其之间的关系如何确定？

P1.3 高中生数学抽象能力的测评框架如何确定？

研究问题 2（ι_2）——高中生数学抽象能力的测量与分析：

P2.1 基于高中生数学抽象能力分析框架如何编制学生测评问卷？

P2.2 高中生数学抽象能力的整体发展呈现什么规律？

P2.3 高中生数学抽象能力具体表现如何？

研究问题 3（ι_3）——高中生数学抽象能力发展水平的现状：

P3.1 高中生数学抽象能力发展水平划分的依据是什么？

P3.2 高中生数学抽象能力发展水平的特征是什么？

P3.3 每个水平表现出的特征是什么？

研究问题 4（ι_4）——高中生数学抽象能力与《课程标准（2017 年版）》的一致性分析：

P4.1 高中生数学抽象能力发展水平与《课程标准（2017 年版）》的一致性总体特征表现如何？

P4.2 高中生数学抽象能力发展水平与《课程标准（2017 年版）》的一致性区域特征表现如何？

P4.3 高中生数学抽象能力发展水平与《课程标准（2017 年版）》的一致性校际特征表现如何？

P4.4 高中生数学抽象能力发展水平与《课程标准（2017 年版）》的一致性年级特征表现如何？

P4.5 高中生数学抽象能力发展水平与《课程标准（2017 年版）》的一致性性别特征表现如何？

根据研究问题的设计，本研究大体可以分为四个层面，第一层面的研究主要是对与数学抽象能力相关研究进行综述与整个研究的设计，此为先导；第二个层面的研究主要解决高中生数学抽象能力的分析框架，此为基础；第三个层面的研究主要对高中生数学抽象能力进行测评，并根据测评结果，划分高中生数学抽象能力的发展水平，此为条件；第四个层面，比较高中生数学抽象能力发展水平与《课程标准（2017 年版）》的一致性，此为核心。

第三节　研究意义

一、理论意义

（一）归纳了数学抽象能力的结构要素

数学能力的构成研究由来已久，也取得了丰富的成果，但是数学抽象能力源自数学学科核心素养以及关键能力学科化，《课程标准（2017 年版）》中指出数学学科核心素养是具有数学特征的思维品质、关键能力、情感态度与价值观的综合体现，因此，数学抽象能力的结构要素到底是什么，如何来确定，各个要素之间的关系如何，这些都是缺乏系统研究的问题。本研究以数学学科核心素养为指引，在数学能力要素研究的基础上，结合《课程标准（2017 年版）》，从问题解决作为切入点，对数学抽象能力构成要素进行分析。本研究从内隐性与外显性两个方面重新界定数学抽象能力，既强调能力体现数学的抽象性、严谨性与广泛应用性的基本特征，又体现数学学科核心素养以人为本的教育理念，以此为基础，构建数学抽象能力的基本结构，同时也可以为其他学科关键能力的相关研究提供一个思路，有助于数学教育研究者和实践者进一步认识和理解核心素养视角下的数学抽象能力。

（二）构建数学抽象能力的分析框架

目前，数学教育领域关于数学能力的测评与培养研究从未停止，这为我们研究数学抽象能力提供了很好的借鉴与启示。无论是测评，还是培养，都需要对数学抽象能力进行分析，而分析框架的构建就异常重要，这是决定我们测评与培养高中生数学抽象能力的重要环节。本研究基于《课程标准（2017 年版）》中关于数学学科核心素养及其水平的划分，构建了二维的分析框架，从维度与水平两个向度，对高中生数学抽象能力进行分析。一方面，有利于后期分析高中生数学抽象能力与《课程标准（2017 年版）》之间的一致性；另一方面，可以更好地划分高中生数学抽象能力的实际发展水平。高中生数学抽象能力分析框架的建构丰富了高中数学课程内容测评理论，能够为学生能力取向的数学评价提供理论支撑，可以为《课程标准（2017 年版）》中关于数学抽象能力的培养提供指引。

（三）完善数学学科核心素养的理论体系

数学抽象能力的研究可以丰富与完善数学学科核心素养的理论体系。目前，关于数学学科核心素养的研究成为数学教育领域的热点，对于数学学科核心素养的测评，一方面，学科核心素养测评不仅包含了技术层面的操作，还蕴含了理论层面的创新，这就意味着基于素养观的测评模式即将开启，使得在传统测评过程中"隐身"的内容得到显现与关注；另一方面，目前关于学科核心素养测评的问题还处在初级阶段，所构建的指标体系较少转为实践，这在一定程度上也会影响学科核心素养的"落地"，导致学生学科核心素养的培养流于形式，影响其建构初衷。学科核心素养测评是以学科知识为内核，设置适切的现实情境，旨在检测学生的学科关键能力，提升学生学科思维与方法的一种评价方式，测评结果是对"培养什么样的人"问题的回答。因此，数学抽象能力的测评在一定程度上可以为数学学科核心素养测评及其培养提供理路。

二、实践意义
（一）践行高中生数学抽象能力的测评

数学抽象能力作为数学学科核心素养的主要目标导向，教师如何在教学中通过数学知识与技能对学生数学抽象能力进行如实考评，以便及时反馈《课程标准（2017 年版）》的落实程度，是深化课程改革背景下保证数学课程实施的关键。如果教师不能对高中生的数学抽象能力进行测评，就会使《课程标准（2017 年版）》的能力目标实现大打折扣，从而加大课程目标的顶层设计与数学课堂的教学实践之间的断层。从整体来看，结合实际教学状况，对于高中生数学抽象能力的考核存在一定的问题，需要进一步系统研究。本研究所构建的高中生数学抽象能力分析框架可以帮助教师在教学实践中对学生的数学抽象能力进行测评，诊断高中生数学抽象能力的发展水平，从而为数学课堂教学中能力目标的实现提供数据支撑与操作素材。同时，高中生数学抽象能力的分析框架成为其测评问卷编制的抓手，为教师培养高中生数学抽象能力提供方向指引。

（二）提供高中生数学抽象能力均衡优质发展的基本经验

高中生数学抽象能力的培养具有差异性，这与学生的个体差异有关，不同的学生具有不同的数学抽象能力发展水平。因此，数学抽象能力如何培养是基于学生发展水平的，高中数学课程教学中，学生应具备怎样的数学抽象能力，运用这些能力解决什么问题，哪个年级可以培养什么样的能力，这些都是基于对高中生数学抽象能力的测评，根据学生"最近发展区"促进高中生数学抽象能力的均衡优质发展。掌握高中生数学抽象能力发展水平的不同阶段，了解高中生数学抽象能力发展水平与《课程标准（2017年版）》之间的一致性特征，就可以在一定程度上为高中生数学抽象能力的培养提供经验，帮助教学制定合理的教学目标，选择恰当的教学内容，运用有效的教学方法，促进高中生数学抽象能力的均衡优质发展。

（三）帮助教师处理"知识"与"能力"的二元对立

传授知识与培养能力一直是数学教育领域中争论的焦点，以知识为本的课程与以能力取向的课程，培养目标存在不同，不管是在数学教育理论研究中，还是在数学课堂教学中，"知识"与"能力"的对立关系一直存在。本研究可以从数学本质的视角，融合数学核心知识与数学抽象能力，通过对高中生数学抽象能力的测评，来考核学生所掌握的核心知识。其实，当前的数学教育中，知识与能力已经不再是完全对立的关系，当我们回归能力至上的教育理念中时，也不是完全放弃对数学知识的传授。缺少数学知识而谈数学能力，这样的数学能力如"无源之水"，放弃数学能力而讲数学知识，这样的数学知识似"无的之矢"。本研究通过对高中生数学抽象能力的测评，帮助教师理解以数学学科本质为内核的数学抽象能力，使教师合理分配知识与能力教学的精力与时间，实现两者的有机融合。

第一章　相关文献研究述评

一直以来，众多学者对数学抽象能力进行了研究与探索，自数学核心素养、数学关键能力概念的提出，数学抽象能力再次成为讨论的热点。因此，对于相关文献的梳理，从数学核心素养、数学关键能力、数学抽象能力三个层次来展开。

第一节　关于数学关键能力的相关研究

2017 年 9 月，中共中央办公厅、国务院办公厅印发的《关于深化教育体制机制改革的意见》强调在培养学生基础知识和基本技能的过程中，要培养学生适应时代要求的关键能力。美国在 21 世纪学习框架中也指出，21世纪的教育要建立在核心知识基础之上，但这里的学科知识不是指存储一堆事实，而是指学科观念和思维方式，其目的在于让学生具备像学科专家那样去思考的能力。学生关键能力的培养需要借助学科关键能力来实现，数学关键能力是指关键能力在数学学科上的投射，可以承担关键能力中的认识能力、合作能力、创新能力的培养。数学关键能力终将从顶层理念走向实践场域，与之相关的课程、教学、测评等问题成为数学教育领域的研究热点，其相关研究主要集中在以下四点。①

一、关于数学关键能力内涵的研究

关于数学关键能力内涵的研究，不同的学者研究取向各有不同，涉及数学、心理学与教育学等学科范畴，主要包含心理取向、技能取向与经验取向。心理取向的数学关键能力内涵来自心理学中对能力的界定，我国大多学者基于苏联心理学家克鲁切茨基（Kruteskil）对中小学数学能力的研究，从心理学视角出发，认为数学关键能力是顺利完成数学活动所必需且直接影响其活动效率的一种心理特征，②并认为数学关键能力离不开数学教学，是在整个数学活动过程中形成和发展起来的。技能取向的数学关键能力内涵的界定不再认为数学关键能力是学生心理活动倾向，而是一种外在的行为表现，这与心理学取向的内涵恰好相反，认为数学关键能力是学生拥有或者学到的、能够解决数学问题的技能与技巧，并在变化情境中成功并负责地分析问题、解决问题的相关能力。经验取向的数学关键能力内涵强调数学基本活动经验，将数学关键能力界定为在不同的数学情境中，获得理解、判断与使用数学的经验，借助数学眼光感受并认识现实世界，在数学学习中获得超越数学的方法与能力，这些方法和能力可以用来解决实际问题。这三种内涵各具特色，心理学取向将数学关键能力视为能力的下位概念，强调其内隐性与宏观性；技能取向将数学关键能力视为学生运用数学解决问题时所表现出来的技术，强调其外显性；经验取向将数学关键

---

① 朱立明.高中生数学关键能力研究的追溯与前瞻[J].天津师范大学学报（基础教育版），2019（4）：32-35.

② 鲍建生.关于数学能力的几点思考[J].人民教育，2014（5）：48-51.

能力视为学生学习经验，强调其生成性。

二、关于数学关键能力要素的研究

数学关键能力构成要素已经成为数学教育领域探讨的热点话题，但是在更多的研究中多是对数学能力的成分进行分析，虽然数学关键能力与数学能力不是同一个层次的概念，但是我们依然可以从数学能力成分中得出重要启示。从国家层面来讲，数学能力是世界各国数学课程改革的共同趋势。因此，在各国数学课程标准中，提出其构成要素的划分。长期以来，我国数学课程标准中关注数学三大能力，即计算能力、逻辑推理能力与空间想象能力。① 德国借鉴 PISA 对数学素养的测评框架，构建数学论证、数学解决问题、数学建模、数学表征的应用、数学符号、公式以及技巧的熟练掌握和数学交流六大数学能力。② 2000 年，《美国学校数学教育的原则和标准》（*Principles and Standards for School Mathematics*）中提出数学交流、问题解决、数学推理、数学联系、数学表征五大数学能力。③ 2010 年，《美国共同核心州数学标准》（*Common Core State Standards for Mathematics*，CCSSM）中将其扩充为八大数学能力，即理解并解决问题、推理、论证并评价他人推理、数学建模、使用合适的工具、精确化、探求并利用数学结构以及探求规律。④ 澳大利亚与其

---

① 课程教材研究所.20世纪中国中小学课程标准·教学大纲汇编（数学卷）[M].北京：北京师范大学出版社，1999.

② 徐斌艳.旨在诊断与改进教学的数学学科能力测评分析——来自德国的实践[J].全球教育展望，2011（12）：78-83.

③ 全美数学教师理事会.美国学校数学教育的原则和标准[M].北京：人民教育出版社，2004.

④ Common Core State Standards Initiative. Common Core State Standards for Mahtematics [EB/OL]. http://www.corestandards.org/assets/CCSSI_Math% 20Standards.pdf,2012.2013-01-01.

他国家不同，并非直接提出数学能力，而是结合数学、科学、英语等学科共同提出七大能力，然后再从数学学科对其进行阐释。①

从个人层面来看，各国学者也在探讨数学能力的构成，例如，克鲁切茨基的数学能力构成对学者们的影响较大；尼斯提出"数学能力之花"模型，具体包含数学思维、提出并解决数学问题、数学建模、数学推理、数学表征、数学符号化与形式化、数学交流、工具的使用等数学能力；②孙以泽将数学能力分为数学基础能力、数学核心能力、综合性数学能力三大类，其中包含数学观察力、数学记忆力、数学注意力、数学运算能力、数学抽象能力、数学逻辑思维能力、数学创造性思维能力、空间想象能力、问题解决能力9个数学能力；③喻平也将数学能力分为三类，包含自我监控能力、数学阅读能力在内的11种数学能力；④与孙以泽不同的是，在数学能力中添加了数学元能力，这与塞克瑞等在数学能力中加入数学元认知、数学记忆等成分是一致的。也有其他学者基于课堂教学对数学能力进行概括，例如，曹一鸣等认为数学学科关键能力包含学习能力、应用能力、创新能力。⑤无论是各国数学课程标准，还是学者们的相关研究，观其构成要素，基本上均含有数学推理、数学交流、问题解决等关键词，研究者与数学课程标准

① The Australian Curriculum, Assessment and Reporting Authority(ACARA)The Australian Curriculum General Capabilities [EB/OL]. http://www.australiancurriculum.edu.au/Mathematics/ General-capabilities, 2012.2013-01-01.

② Mogens Niss.Mathematical Competencies and the Learning of Mathematics: The Danish KOM Project.[EB/OL].http://w3.msi.vxu.se/users/hso/aaa_niss.pdf.2011.2013-01-01.

③ 孙以泽.数学能力的成分及其结构[J].南京晓庄学院学报，2003（2）：97-99.

④ 喻平.数学教学心理学[M].北京：北京师范大学出版社，2010.

⑤ 曹一鸣，刘坚.促进学生数学核心素养与关键能力发展的教学研究[J].中小学课堂教学研究，2017（4）：3-6.

呈现一致性，但是缺少对其进一步详细说明。

三、关于数学关键能力评价的研究

美国 1984 年开始流行的数学能力测验（Test of Mathematical Abilities，简称 TOMA）考虑数学操作能力以及学生对数学学习的兴趣和态度等因素，从数学态度、词汇、计算、常识和应用五个维度比较全面地评价学生数学能力，在数学能力评价上，TOMA 开始关注非数学技能因素，这为后面评价学生数学关键能力提供了新的视角。除此之外，国际数学与科学研究趋势项目（Trends in International Mathematics and Science Study，简称 TIMSS）与国际学生评估项目（Program for International Student Assessment，简称 PISA）引起了全世界各国教育评价的注意，这两个国际评价项目均倾向于数学素养，TIMSS 测评主要涵盖内容与认知两个方面，对学生的数学素养与科学素养进行测评，而 PISA 测评构建了内容、过程与情境三维一体的测评目标结构，包含了知识、能力、情境三个测评维度，从终身学习的角度评估教育，着重考查 15 岁中学生对于未来生活可能面临的问题情境、准备的程度以及习得的必备的知识与技能，数学素养是其中一种。[①]虽然两者存在相似性和差异性，但其维度划分与测评指标体系对数学关键能力评价的研究具有重要价值，尤其是为测评框架的建立和完善提供依据和基础。曹一鸣等从学习理解、实践应用、创造迁移三个维度，九个子维度构建了学生数学学科能力测试框架，并对学生进行测评，研究发现学生总体数学

---

① Programme for International Student Assessment. The PISA2003 Assessment Framework: Mathematics, Reading,Science and Problem Solving Knowledge and Skills [EB/OL]. http://www. pisa.oecd.org/document/29/0,3746, ed_32252351_32236172_33694301_1_1_1_1,00.html,2011.2013_01-01.

能力表现呈递增趋势，但基础能力在高年级出现下滑，不同类别的学校之间存在显著差异。[①] 田金婷等基于高考数据，从性别视角对高中生数学能力进行测评，结果发现男生整体数学能力强于女生，但是在数据处理能力、运算求解能力和应用意识上，女生得分明显高于男生。[②] 除此之外，还有一些学者关于某一个数学能力的测评，例如，杜宵丰等基于八万名学生几何典型错例分析，从了解、理解、掌握、运用四个层次，对八年级学生图形与几何进行测评。[③] 张晋宇等对数学表征与变换能力测评指标进行综述，得出再现水平、联系水平、反思水平三个测量水平，并对其具体行为进行描述。[④] 关于对数学能力的评价，大多学者的研究受到 PISA 影响较大，测评框架本土化改造还是比较缺乏。

四、关于数学关键能力培养的研究

关于数学关键能力培养的研究，小学数学关键能力较多，而高中生数学关键能力研究较少，黄翔等基于《课程标准（2017 年版）》首次明确提出发展学生数学实践能力的目标，主张从课程内容设计、数学学习基础、问题解决过程、数学学习评价等方面落实数学实践能力的培养，[⑤] 史亚娟等

---

① 曹一鸣，刘晓婷，郭衍.数学学科能力及其表现研究[J].教育学报，2016（4）：73-78.

② 田金婷，朱强忠.基于高考数据的高中生数学能力性别差异研究[J].教育测量与评价，2015（2）：35-39.

③ 杜宵丰，吝孟蔚，黄迪.八年级学生数学能力测评及教学建议——基于八万名学生几何典型错例分析[J].教育测量与评价，2014（12）：35-39，54.

④ 张晋宇，姜慧慧，谢海燕.数学表征与变换能力的评价指标体系研究综述[J].全球教育展望，2016（11）：13-21.

⑤ 黄翔，童莉，沈林.从高中数学新课标看数学实践能力的培养[J].课程教材教法，2018（8）：75-79.

在明确中小学数学能力结构的基础上，提出数学能力培养的建议，包含全面、准确地认识中小学生数学能力结构，充分发挥模式能力的桥梁作用；精确加工与模糊加工相结合；形式化与非形式化相结合。[①]鲍建生指出数学能力培养的策略包括：一是开发与能力专项发展相对应的数学任务。二是构建数学能力的评价框架，其中包括能力模型和相应的行为指标体系。三是把一些具体能力作为技能来培养。朱菊花从语言理解、逻辑推理、问题解决三个方面例谈数学能力的培养。[②]刘静祎从教学实践的视角提出丰富教学手段，激发学生学习兴趣；引进开放型问题，引导多种解答；切合现实，重视实践操作。[③]李颖等通过中德两国高中阶段数学课程标准的比较，提出应注重在数学教学过程中培养学生的批判思维。[④]不同数学关键能力的培养，所采用的策略也应该与之相对应，而关于数学关键能力培养策略的研究大体可以分为两类，一类是从宏观角度进行提炼的，大多策略都是笼统概述，缺少一定的针对性，致使一些教学策略在提炼上"束之高阁"，难以落实课堂教学之中，在阐述上"隔靴搔痒"，缺少一定的操作性；另一类虽然基于具体的数学能力，但是在阐述过程中更像是经验总结，缺少理论提升。

---

① 史亚娟，华国栋.中小学生数学能力的结构及其培养[J].教育学报，2008（3）：36-40.

② 朱菊花.语言理解·逻辑推理·问题解决——例谈高中数学能力培养的三个基本点[J].数学教学通讯，2018（5）：26-27.

③ 刘静祎.高中数学教学中培养学生数学思维能力的实践研究[J].中国校外教育，2018（8）：123.

④ 李颖，谢思诗.中德两国高中生数学能力的分析及比较[J].教育探索，2015（12）：153-157.

第二节　关于数学抽象能力的相关研究

本研究关注高中生数学抽象能力与《课程标准（2017 年版）》之间的一致性，关键在于对学生数学抽象能力的测评，通过梳理与之相关的文献，发现主要集中在以下方面的研究。

一、关于数学抽象能力内涵的研究

数学抽象能力内涵的界定，可以归纳为四种观点，即过程观、建构观、思想观、素养观。过程观强调数学抽象能力在数学概念、公理、定理、法则等理论形成过程中的作用，[①] 认为其蕴含抽象思维，是一种心理活动倾向，例如孔凡哲等指出，抽象是思维的基础，只有具备了一定的抽象能力，才可能从感性认识中获得事物的本质特征，从而上升到理性认识的过程。[②] Dreyfus T. 等人借鉴了弗赖登塔尔等人的理论，将数学抽象定义为垂直重组已构建的数学并形成新的数学结构的一种认知活动的过程。[③] 斯根普（Skemp）也将抽象视为包含相似性识别的过程，通过这个过程我们可以获得某些相似性。[④] 建构观将数学抽象能力视为一种活动，[⑤] 侧重其构造性，既

① 王永春.小学数学与数学思想方法[M].上海：华东师范大学出版社，2014.

② 张胜利，孔凡哲.数学抽象在数学教学中的应用[J].教育探索，2012（1）：68-69.

③ Dreyfus T, Hershkowitz R, Schwarz B. The construction of abstract knowledge in interaction[C]//Proceedings of the 25th conference of the International Group for the Psychology of Mathematics Education, 2001(2):377-384.

④ Skemp R R. The Psychology of learning mathematics[M].Penguin Books,1986.

⑤ 中华人民共和国教育部.义务教育数学课程标准（2011年版）[S].北京：北京师范大学出版社，2012.

包含构造活动本身，又包含构造所得的结果。① 例如，诺斯（Noss）和霍伊尔斯（Hoyles）在批判"去情境化"抽象的基础上，提出"情境抽象"并将其描述为学生对数学概念的构建。② 迪内斯（Dienes）将抽象定义为"提取不同情境中的共性，并构建一个新的类别，这个新构建的类别最终能够用来检验其他因素是否符合这种属性的检验标准"。③ 思想观将数学抽象能力视为一种数学基本思想，是对数量与数量关系、图形与图形关系在本质属性上的析取，例如，史宁中在讨论数学抽象争论发展的基础上，认为数学抽象是促进数学学科发展的数学基本思想。④ 素养观将其视为数学抽象素养的重要组成部分，关注其内化作用与应用意识，是对数学知识的超越，强调用数学抽象的方式解决数学问题与现实问题。⑤ 关于数学抽象能力的内涵，虽然不同价值观下所关注的侧重点不同，但是都强调了数学抽象能力的动态性，这也是数学抽象能力层次划分的基本依据。

二、关于数学抽象能力类型的研究

皮亚杰（Piaget）将抽象划分为经验性抽象与伪经验性抽象，经验性抽象是直接对客观事物自身的性质进行抽象，伪经验抽象来自作用在客观对

① 徐利治.数学方法论选讲[M].武汉：华中理工大学出版社，2000.

② Noss R, Hoyles C. Windows on Mathematical Meanings?[J].Mathematics Education Library, 1996,17(4):380.

③ Dienes Z P. An experimental study of mathematics learning [M].Hutchinson,1963.

④ 史宁中.数学的抽象[J].东北师大学报（哲学社会科学版），2008（5）：169-181.

⑤ 中华人民共和国教育部.普通高中数学课程标准（2017年版）[S].北京：北京师范大学出版社，2018.

象上的行动。① 正如史宁中教授指出的，数学被抽象出来的东西源自现实，真正的知识来自感性经验，数学抽象能力也是依赖于经验的。孔凡哲等从数学抽象在教学中的应用视角，将其分为实物层面的抽象、半符号层面的抽象、符号层面的抽象、形式化层面的抽象这四种类型，四种类型的梯度与层次性是逐渐增强的。② Mitchelmore 等从学习过程出发，将数学抽象分为经验性抽象、水平数学化和垂直数学化，其中经验性抽象是最初级的层次，水平数学化过程中，利用数学符号表示给定情境中的内在结构，从而形成一个数学对象，在垂直数学化过程中形成一个新的对象以表示若干已构建的数学对象之间的本质特征。③ 此外，Mitchelmore 等基于斯根普的理论从抽象结果出发，又划分了一般式抽象与分离式抽象。④

三、关于数学抽象能力培养的研究

研究者在数学抽象能力培养上，提出以下四种策略：第一，经验性教学策略。培养学生抽象能力需有"物"可依，同时要基于对形象对象的有效分析，这有利于数学抽象能力的形成。⑤ 第二，阶段性思维策略。数学抽象能力通常要经历感知与识别、分类与概括、想象与建构、定义与表征、

---

① Piaget J.Recherches sur l'abstraction réfléchissante[M].Paris:Presses Universitaires de France,1997.

② 张胜利，孔凡哲.数学抽象在数学教学中的应用[J].教育探索，2012（1）：68-69.

③ Mitchelmore M, White P. Abstraction in mathematics and mathematics learning[J]. International Group for Psychology of Mathematics Education, 2004,19(2):8.

④ Mitchelmore M, White P. Abstraction in mathematics: Conflict, resolution and application[J].Mathematics Education Research Journal, 1995,7(1):50-68.

⑤ 胡秀.浅谈高中生数学抽象能力的理解及培养[J].数学教学通讯，2017（11）：61-62.

系统化与结构化等五个阶段。[①]第三，技巧性解题策略。例如针对抽象函数，利用数形结合，借助几何直观，从特殊到一般的过程，采用循序渐进、螺旋式上升的方式来提升数学抽象能力。[②]第四，多元性方法策略。从数学自身出发，提出运用比较、归纳、变式等多种数学方法来提升数学抽象能力。目前，学生数学抽象能力培养的研究均属于经验层面的描述，还没有给出学生数学抽象能力形成的标准，由于缺少学生数学抽象能力发展节点研究，导致大部分策略缺乏一定的针对性。

四、关于数学抽象能力评价的研究

对于数学抽象能力的评价，主要集中在以下三个方面：第一，聚焦数学抽象过程的测评研究。这类研究将重点放在学生数学抽象的过程，例如，HSD 基于数学抽象过程的视角，假设学生数学抽象经历对新结构的需求、新结构的产生与新结构的巩固三个阶段，构建了 RBC 评价模型，即识别（recognizing）、整合（building-with）、建构（constructing）。[③]通过 RBC 评价模型，可以观测学生数学抽象的动态过程。Jee Yun Hong、Min Kyeong Kim 借鉴了巴蒂斯塔（Battista）、HSD 等人的理论，将数学抽象能力分成了识别、应用、构建三个水平，并对每个水平进行详细的指标描述。[④]史宁中

① 李昌官.数学抽象及其教学[J].数学教育学报，2017（4）：61-64.

② 夏华.核心素养下数学抽象能力聚焦——以抽象函数学习为例[J].数学教学通讯，2017（15）：40-41.

③ Dreyfus, T., Hershkowitz, R., & Schwarz, B.The Construction of Abstract Knowledge in Interaction[C]//Proceedings of the 25th conference of the International Group for the Psychology of Mathematics Education. 2001(2):377-384.

④ Hong J Y, Kim M K. Mathematical Abstraction in the Solving of Ill-Structured Problems by Elementary School Students in Korea[J]. Eurasia Journal of Mathematics Science & Technology Education, 2016(12): 267-281.

把抽象的深度，将数学抽象划分为三个层次：第一层次是简约阶段；第二层次是符号阶段；第三层次是普适阶段。① 第二，依赖数学课程标准的测评研究。这类研究主要从《课程标准（2017年版）》中对数学素养的相关要求与水平出发，对高中生数学抽象能力进行测评。例如，唐秦采用定性与定量相结合的研究方法，以高一学生作为研究对象，从内容、结构和水平三个维度，对高中生数学抽象能力测评框架进行构建。其中，内容维度选取了函数、代数与几何、概率与统计与数学抽象能力相关的内容；结构维度涉及情境抽象和理论抽象两个方面；水平维度涵盖了再现、联系、反思三个水平层次。② 邓杰在《课程标准（2017年版）》原有三个水平基础上，添加零水平，构成四水平的分析框架，对高二年级学生数学抽象素养进行测评。③ 第三，基于抽象构成要素的测评研究。这类研究主要是考察数学抽象的某个要素或者某个内容，构建数学抽象能力测评框架，例如，黄友初从知识的角度分析，可以将数学抽象素养分为知识理解、知识迁移和知识创新三个水平。④

小结：

通过对数学抽象能力相关研究的梳理，可以发现，目前国内外关于数学抽象能力的研究已经开始由理论分析转到实证探索，主要体现在以下三

---

① 史宁中.数学思想概论（第1辑）：数量与数量关系的抽象[M].长春：东北师范大学出版社，2015.

② 唐秦.高中生数学抽象能力的评价研究[D]：[硕士学位论文].苏州：苏州大学，2017.

③ 邓杰.高二学生数学抽象素养现状的测评研究[D]：[硕士学位论文].武汉：华中师范大学，2018.

④ 黄友初.从PME视角看数学抽象素养及其培养[J].教育研究与评价（中学教育教学），2017（2）：13-18.

个方面：

第一，关于数学抽象能力的构成要素一直是学术界争论的焦点，因此，需要进一步厘清数学抽象能力与数学知识、数学学科核心素养、深度学习等概念之间的关系。再者与深度学习的关系，有的学者也提及深度学习可以促进数学关键能力的培养，这二者之间的衔接点在哪里，需要深思。

第二，我国教学教育领域目前依然以经验—分析评价范式为主，这种测评体系注重对数学知识的考核，忽视对数学能力的判断，注重对外在行为的监测，忽视对内心倾向的透视，很难对高中生数学关键能力层面进行科学、合理的测评，难以保证测评结果之合理性与客观性，即使有些测量已经开始关注学生数学关键能力测评框架的构建，在数学教学实践中也具有一定的困难。因此，整体数学抽象能力测评体系亟待构建。

第三，关于高中生数学抽象能力培养策略的研究出现理论与实践相隔离的现象，缺少相互融合的探索，对于影响数学抽象能力的教学因素尚未进行深度分析，这导致培养策略针对性与可操作性缺失，难以在数学教学之中加以运用。在数学抽象能力培养策略研究过程中，需要关注数学课程目标、数学课程内容、数学学科本质等方面，从课程理念、教学方法、学习内容、课程评价等要素探索数学抽象能力的培养途径，并进行相关的教学案例研究。

总之，已有研究忽视了数学抽象能力与《课程标准（2017年版）》之间一致性的分析。国外的研究虽然已转入结果的评价，但更多针对数学能力展开。研究对象选取多集中在中小学或小学生，本研究关注高中生数学抽象力，以理论与实证相互佐证的学术理路，分析一致性及其特征与影响因素。

第二章　研究设计与方法

第一节　研究的相关理论基础

一、皮亚杰认知发展阶段理论

皮亚杰（J.Piaget）经过多年的观察研究，将儿童的认知发展分为四个阶段：感知运动阶段（出生—2岁）、前运算阶段（3—7岁）、具体运算阶段（8—11岁）、形式运算阶段（12岁以上）。运算是皮亚杰认知发展阶段理论中的一个核心概念，是利用逻辑推理实现状态的转变。[①] 皮亚杰指出各阶段学生具有不同的认知发展特点，具体运算阶段的学生植根于客观世界中，学生的思维仍然需要具体事物的支撑，难以进行抽象思维。形式运算阶段的学生已经开始抽象思维，不再受眼前具体情境的限制，思维超越了对客观事物具体内容的依赖。[②] 在皮亚杰的理论中，包含一些儿童数学概念

---

① 邵瑞珍主编.教育心理学[M].上海：上海教育出版社，1988.

② Howard E. Gruber. & Von è che. The Essential Piaget[M]. New York. Basic Books.1977.

的认知发展。① 儿童对符号的抽象认知是一个循序渐进的过程，儿童只有在诸如 x 这样的符号表示任意数字时，才可能产生像代数这样的学科。表示数量关系的符号是未来数学的本质，在这之后，人类思维能够发明新的符号处理规则，它们不再依赖于具体物体的运算经验。到了这个阶段，人类思维能够用符号形式来处理具体的事物，脱离了以往经验的束缚，不再拘泥于具体运算的经验，这只取决于我们发明符号处理规则的想象力。

二、比格斯的 SOLO 分类理论

SOLO 分类理论（Structure Of the Observed Learning Outcome）是澳大利亚学者比格斯（J·B.Biggs）和卡利斯（Collis）对皮亚杰儿童认知发展阶段理论进行修正，重点考察活动的功能、儿童认知对象、基于活动的认知要素的性质，将儿童的认知发展细化为五个阶段：（1）前运算阶段（4—6岁）；（2）初级具体运算阶段（7—9岁）；（3）中级具体运算阶段（10—12岁）；（4）具体概括运算阶段（13—15岁）；（5）形式运算阶段（16岁以上）。② 每个发展阶段之间都有一个重叠或是交叉期，前一发展阶段的关系活动就是后一发展阶段的前结构活动，而后一发展阶段中的单结构活动则等于在前一个发展阶段基础上所做的进一步的抽象，阶段与阶段之间形成了一种过渡。③

SOLO 分类的理论基础是结构主义学说，它用结构特征来解释学生反

---

① 皮亚杰，加西亚.走向一种意义的逻辑[M].李其维译.上海：华东师范大学出版社，2005.

② 约翰·B.比格斯，凯文·F.卡利斯.学习质量评价：SOLO 分类理论（可观察的学习成果结构）[M].高凌飚，张洪岩译.北京：人民教育出版社，2010.

③ 李士锜.PME：数学教育心理[M].上海：华东师范大学出版社，2001.

应、确定某种特定反应的层次水平，并将学生的学习结果划分为以下五种结构：（1）前结构水平（Prestructural Responses）：处于这一结构层次的学生基本上没有面对问题的简单知识，或为以前所学的无关知识所困扰，找不出任何解决问题的办法；（2）单一结构水平（Unistructural Responses）：学生关注题干中的相关内容并找到了一个解决问题的办法；（3）多元结构水平（Multistructural Responses）：学生找到越来越多的正确的相关特征，但还没有能将它们有机整合的能力；（4）关联结构水平（Relational Responses）：学生会整合各部分内容而使其成为一个有机整体，表现为能回答或解决较为复杂的具体问题；（5）扩展抽象结构水平（Extended Abstract Responses）：学生会归纳问题以学习更多的抽象知识，这代表一种更高层次的学习能力，这一层次的学生表现出更强的钻研和创造意识。

第二节 研究的基本框架与思路

在文献综述的基础上，可以发现数学抽象能力无论从能力视角还是从素养视角，无论是其内涵解读还是要素构成，都是十分复杂、丰富、多元的，相关的研究成果也是包罗万象，种类繁多。一方面，这为数学抽象能力的相关研究提供了不同的视角和大量的素材，可以从中获得有价值的启示；另一方面，在众多研究成果中，也不难看出，关于学生数学抽象能力与《课程标准（2017 年版）》之间的一致性分析还是不多，因此，形成本研究的基本框架，如图 2-1 所示。

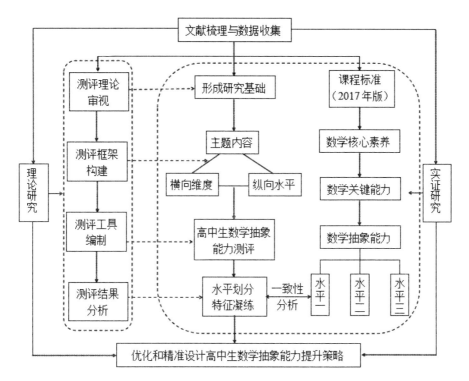

图 2-1　基本研究框架

从研究框架中，可以得到本研究的研究思路：从理论研究与实证研究相结合的研究范式出发，通过文献处理与数据收集，一方面，对测评相关理论进行审视，形成研究基础，构建包含"主题内容、横向维度、纵向水平"的高中生数学抽象能力测评框架，以此框架为指导，编制高中生数学抽象能力的测评试卷，对高中生数学抽象能力的现状进行测评，并对结果进行分析，确定高中生数学抽象能力的实然水平及其特征表现；另一方面，从《课程标准（2017 年版）》出发，从数学学科核心素养的视角，解构数学关键能力，在数学抽象素养中提炼反映数学抽象能力的三个水平描述，以此作为高中生数学抽象能力一致性分析的标准，将高中生数学关键能力的实然水平与该标准进行对比，分析其与《课程标准（2017 年版）》中数学抽象能力水平之间的达成程度。

第三节　研究方法的确定

研究方法的确定取决于研究问题与研究内容，无论选择什么研究方法，都是由研究问题的性质与目的决定的，研究方法适合研究问题式研究的目的得以实现的前提条件。[1]研究者选取任何研究方法都在于研究问题的本身。为实现高中生数学抽象能力显性化与可测化，较为准确地判断其发展水平，根据研究框架与思路，本课题将结合理论思辨、实证研究、量化分析，采用多种研究方法融合设计、相互佐证的研究范式。通过前面的分析，本研究主要解决四个具体的研究问题，每个研究问题所用到的研究方法如表 2-1 所示，本研究以量化研究为主，辅以质性研究。

表 2-1　研究问题及其对应研究方法

研究问题	研究方法
研究先导: 高中生数学抽象能力概念的界定	文献法
ι_1: 高中生数学抽象能力分析框架的构建	专家咨询法 + 访谈法
ι_2: 高中生数学抽象能力的测量与分析	问卷调查法

---

① 裴娣娜.教育研究方法导论[M].合肥: 安徽教育出版社，1995.

研究问题	研究方法
ι_3：高中生数学抽象能力发展水平的现状	访谈法 + 专家咨询法
ι_4：高中生数学抽象能力与《课程标准（2017 年版）》的一致性分析	统计分析法 + 比较法

一、文献法

文献法是指通过对已有的文献资料进行搜集、查阅、整理、分析和归类等方式，来分析、阐明和解决问题的一种研究方法。其本身就是一种继承、批判、分析、比较与借鉴的过程。在本研究中，除了界定数学抽象能力的操作性定义，需要了解相关研究，从国内外研究现状的分析和综述，再到论文的展开及问卷的设计都是在充分地搜集和阅读大量的文献资料基础上展开的。正是通过对文献资料的全面分析，运用归纳与演绎相结合的思维方式，梳理测评相关理论，构建测评框架，通过专家咨询，编制调查问卷。

二、专家咨询法

专家咨询法是一种采用"背对背"的方式使专家群体间对某一问题达成共识，群体中的专家成员没有互相讨论，不发生横向联系，从而可以使每一位专家独立做出自己的判断，经过几轮反馈，实现专家意见的逐渐趋同。与其他方法相比，专家咨询法具有以下优势：充分利用专家的经验与学识，反馈意见具有一定的权威性；每个专家的观点都会被收集，避免某个个体控制群体意志。

借助专家咨询法对基于文献分析构建数学抽象能力的分析框架，从而保证其良好的内容效度。在本研究中，专家结构包括高等院校的数学教育理论研究者、中学教研员以及教学一线的数学教师，之所以选取专家咨询法，是考虑到在数学抽象能力框架构建过程中，充分考量专家的观点，旨在对数学抽象能力测评既有理论的指导，又能从教学实践出发，符合学生在实际学习中的表现，保证数学抽象能力测评框架的科学性与合理性，为后续研究奠定基础。

三、问卷调查法

问卷调查法是教育调查研究中常用的一种方法，问卷是研究者为了收集人们对某个特定问题的态度、价值观、观点或信念等信息而设计的一系列问题，而问卷调查法是一种自填式的书面调查，被调查者根据书面问卷来理解和回答问题。[1] 在本研究中的问卷调查是为了确定高中生数学抽象能力发展水平的现状，从而得出学生数学抽象能力的层次特征，因此采用描述性自填问卷。[2] 在本研究中，测评题项旨在了解学生数学抽象能力的表现，包括学生是否能够给出正确答案，以及学生的答案能够达到什么层次，不同年级对同一类问题的回答有哪些不同等。因此，在测评题项编制之前，首先，按照问题的逻辑结构设计的要求，明晰核心概念数学抽象能力的内涵，由于其中包含一些比较抽象的概念，不同人的理解可能是不同的。由于本研究调查的是高中阶段的学生，高中生数学抽象能力进行测评的难点在于，单纯以学生学过的知识为背景，难以体现其抽象能力，因此，我们尽量选取与所学知识相关不大的内容编制测试卷。

---

[1]　陈向明.教育研究方法[M].北京：教育科学出版社，2013.

[2]　描述性自填问卷主要是了解现状，但并不对现状的可能成因做深入探讨与分析，由被调查者独立完成。

四、访谈法

一般地，量的研究通常采用封闭式的访谈形式，以便收集统一的数据，对其进行统计分析，而质的研究方法在研究初期往往使用开放性访谈的形式。本研究使用访谈法旨在构建高中生数学抽象能力测评框架与测评题项编制（专家的访谈提纲详见附录二），被访者是数学教育专家、高中数学教师与数学教研员，访谈的目的旨在保证测评框架与测评题项的科学性、合理性与可操作性。之所以选择访谈法，主要是基于以下两点考虑：第一，在数学抽象能力测评框架构建的过程中，除了根据《课程标准（2017年版）》以及相关文献的分析是否科学有效，更需要教育专家与一线教师的相关建议，因此本研究在专家咨询的同时还对部分专家进行访谈，以便对专家问卷中的一些回答进一步进行追问，从而更能清晰地了解测评框架与测评题项的取舍原因，他们的回答也为本研究中测评题项的选择提供依据。由于时间与地域的限制，本研究中并未对所有回答专家问卷的专家进行逐一访谈，而是在方便可行的基础之上，利用现场访谈与电话访谈的形式，对其中七位专家进行访谈。

第四节　研究对象的遴选

一、抽样方法的确定

本研究采用分层抽样与目的抽样相结合的抽样方法，这是因为分层抽样是将总体按照某种属性特征或者主要标志分成若干类型与若干层次，在各层中随机抽取样本，由于化类分层，增加了各类型或者层次中的样本共性，保证所抽取的样本更具有代表性。而从研究便利的角度出发，受到个人能力与条件的限制，很难做到在不同类型或者层次中进行随机抽样，所以采取目的抽样，"目的抽样的逻辑与力量在于选择一个能够进行深度研究的、意义丰富的案例。通过这些意义丰富的案例，研究者就可以获得对于研究的目的来说处于核心重要性的议题"。所以，本研究的分层抽样与目的抽样可以最大程度上保证样本的代表性与研究的可操作性。

二、样本的选取

（一）专家的样本选取

本研究专家样本的考虑点在于，希望借助专家咨询法，由数学教育专家、教研员与一线专家型教师为数学抽象能力框架构建提供理论支撑，然后通过所得专家建议对其进行反复修改，尽可能地增大测评框架的正确性与合理性。所选的专家来自东北师范大学、华东师范大学、陕西师范大学、首都师范大学、北京师范大学、华南师范大学、西南大学、重庆师范大学、上海师范大学、杭州师范大学、南京师范大学等，在数学素养、数学核心素养、数学能力等领域都曾有过一定研究；所选的专家型教师，都是数学名师，他们所提的意见与建议具有一定的说服力，对本研究中数学抽象能力框架的构建以及试题的编制具有一定的指导意义。

（二）学生样本的选取

学生样本的选取要求既能够说明问题，又能够在可控能力之内。在本研究中，研究的总体是高中生。在选择学生样本的时候，首先确定学校，不同水平的学校直接影响学生的状况。在选择样本学校学生时，主要考虑满足以下两个条件：一是所选学生具有一定的代表性，能够代表同等城市的经济、教育发展水平；二是所选学生便于开展研究，能够保证调查的可行性与所得数据的真实性。基于以上两方面因素的影响，本研究样本主要集中在河北省内，以唐山、承德、石家庄、衡水、张家口等为样本城市，根据每个样本城市学校的生源水平、师资状况、软件条件、硬件设施、学校管理等因素，将样本学校分成三类，一类是优质学校，二类是中等学校，三类是薄弱学校。每个样本城市选取三所样本学校，如表 2-2 所示。

表 2-2　学生样本数据信息

学校类型	年级	年级个数	人数	总人数
优质学校	高一年级	5	237	751
	高二年级	5	265	
	高三年级	5	249	
中等学校	高一年级	5	258	756
	高二年级	5	254	
	高三年级	5	244	
薄弱学校	高一年级	5	262	762
	高二年级	5	259	
	高三年级	5	241	

（三）内容样本选取

数学关键能力涵盖了数学抽象与表达能力、数学运算能力、数学猜想与论证能力、数学想象与化归能力、数据分析与预测能力、问题解决与交流能力。[①]之所以选择"数学抽象能力"作为本研究的内容，主要基于三个

---

① 朱立明.高中生数学关键能力测评指标体系的构建[J].课程教材教法，2020（3）：34-42.

"第一"的考量。

首先，数学抽象是"第一个"数学基本特征。我们知道，数学学科三个基本特征是抽象性、严谨性与广泛应用性，数学抽象指向的就是抽象性特征，抽象性虽然不是数学所独有的特征，却是数学学科最典型的特征。数学的抽象性是在数与形的原始概念的形成过程中体现出来的，人类从蒙昧时代对事物多少的"数觉"到抽象形成"数"概念，是一个漫长的过程。因此，数概念的形成可能与火的使用一样古老，大约是在30万年以前，它对于人类文明的意义也绝不亚于火的使用。[①]数学的抽象性是伴随着数学学科发展的。

其次，数学抽象是"第一个"数学核心素养。《课程标准（2017年版）》中明确提出数学抽象、逻辑推理、数学建模、数学运算、直观想象、数据分析等六个数学学科核心素养，没有直接描述数学关键能力，但是6个数学学科核心素养从数学本质上蕴含了六种关键能力。[②]数学抽象可以培养学生用数学的眼光观察世界，从现实世界中获得数学信息，是发现数学问题的重要途径，例如欧拉将"哥尼斯堡七桥"问题抽象成一笔画图的问题，教师非常有必要培养学生的数学抽象素养，进而实现学生从感性到理性的思维飞跃。

最后，数学抽象是"第一个"数学基本思想。史宁中教授给出成为数学思想的两个标准：其一，数学产生以及数学发展过程中所必须依赖的基本思想；其二，人们在谈论数学时，总要谈及的独特素质。基于此标准得

---

① 李文林.数学史概论（第二版）[M].北京：高等教育出版社，2008
② 喻平.数学关键能力测验试题编制：理论与方法[J].数学通报，2019（12）：1-7.

出数学发展所依赖、所依靠的思想在本质上有三个：抽象、推理、模型。[①]
数学抽象是第一个数学基本思想，体现了数学的本质，是其他数学关键能力的"基石"，整个数学学科都围绕抽象的概念之间，数学中数学概念、公理、法则等越来越离不开数学抽象，数学抽象在数学学科发展过程中起到重要的作用，联结了现实世界事物与数学世界研究对象的关系。

通过三个"第一"可以看出以下三点，第一，数学抽象是一种创造性的构造，在构造中，可以帮助学生经历数学知识的发生、发展、形成的过程，还有助于学生体会数学的理性思维、形式化特点以及模型思想；第二，数学抽象体现数学知识的层次性与规律性，通过数学抽象，可以找到数学中一些概念和定理的现实"原型"，借助这些"原型"，可以帮助学生洞察数学知识的本质，看清概念之间的层次结构，发现定理的一般性规律，进一步理解知识之间的关联及其抽象过程；第三，数学抽象可以形成抽象概括思维，从某些事物中获得共性的属性，并将这种属性推广至该类事物的全体对象，这本身就是数学的抽象概括，在数学中，任何一种运算、一个概念、一个法则都是抽象概括的结果，抽象概括思维的形成，有助于学生更好地理解数学概念、命题、方法和体系，具备一般性思考的能力，在数学甚至其他学科学习过程中化繁为简，理解知识本质。

基于以上的分析，为了与《课程标准（2017年版）》进行对接，考查学生数学关键能力发展水平与《课程标准（2017年版）》的一致性问题，本研究聚焦于高中生数学抽象能力。

---

① 史宁中.数学思想概论（第1辑）：数量与数量关系的抽象[M].长春：东北师范大学出版社，2008.

第五节　研究工具的编制

关于高中生数学抽象能力测评研究，测评工具的编制前提基础，在整个研究过程中是最重要的。本研究旨在探讨高中生数学抽象能力发展水平与《课程标准（2017 年版）》之间的一致性问题，为了获得科学、合理、真实的学生水平，对测评工具的编制进行如下阐释。

一、测评问卷的前调查

在编制测评问卷之前，先对两所学校的高中二年级有关学生与教师进行了调查，之所以选取高中二年级师生作为调查对象，是因为希望能够得到高中三个年级师生对数学抽象能力最高水平的反映，考虑高一年级刚刚接触高中数学内容，大部分内容还没有完成学习，高三年级虽然学完高中数学课程内容，但面临高考的压力，因此，选择高二年级作为调查代表年级。

通过学生与老师的个别访谈，可以看出，随着数学课程开始从知识取向过渡到能力取向，尤其是高考评价中对学生数学能力的考察力度逐渐加大，学生的数学能力培养也随之受到重视。大部分学生（63.2%）也表示，自己不仅关注数学知识与数学技能的习得，也注重如何形成数学能力，尤其是问题解决能力。也有少部分学生（6.3%）称教师在教学过程中还是比较重视知识的讲授，以解题为主的教学依然存在，教师并没有明确培养学生的能力。个别老师（5.7%）认为自己在教学中更侧重于数学知识的授课，而对于能力培养在数学教学中的关注不够，多数老师还是能够按照《课程标准（2017 年版）》要求，对学生数学抽象能力进行培养，但是对于数学抽象能力在侧重上有所不同，采取的教学策略也各有差异，有的教师侧重知识讲授的同时渗透能力培养，有的教师侧重结合学生生活经验，帮助学生在参与教学活动过程中提升数学抽象能力。

通过以上调查可以看出，数学抽象能力在教学过程中越来越得到重视，学生数学抽象能力的获取路径还是主要来自教师的培养，从横向来看，数学能力的教学与培养涉及了六大数学关键能力，数学抽象能力、逻辑推理能力、数学建模能力与数据分析能力在高中数学课程教学培养力度较大，这与我们选取数学抽象能力作为数学关键能力的主要研究内容是一致的。探究高中生数学抽象能力的发展水平，凝练其特征，分析其实然水平与《课程标准（2017 年版）》之间的一致性，对于培养学生数学抽象能力而言是非常重要的。

二、测评问卷的编制

本研究在梳理、比较和分析数学学科核心素养、数学能力、数学抽象能力测评问卷的基础上，从数学学科的角度出发来设计数学抽象能力、逻辑推理能力与数学建模能力的测评问卷。由于本研究主要采用问卷调查的方法进行测评，问卷测评后利用 SPSS21.0 进行分析，找到高中生数学抽象能力的发展水平。在问卷调查中，测评问卷的编制直接影响研究结论的科学性，所以如何基于研究问题，编制能够客观、全面反映高中生数学抽象能力的测评题项，是一个反复遴选、验证与分析的过程，为保障测评题项的合理性，主要参考题型设计的基本原理与题项选择的基本原则。

（一）学生测评问卷题型设计的基本原理

通过测量问卷并根据学生的回答情况进行分析是研究义务教育阶段学

生数学符号意识发展水平的主要方法，而学生的测量问卷采用试题的方式，从数学学科角度编制问题。为了使所设计测评题项能够更好地对学生数学符号意识发展水平进行测评，在编制学生测评问卷时题型的设计具体遵循以下基本原理。①

1. 目的性设计原理

目的性设计原理，即设计测评题时注重测评题的题型与测评目的保持一致。在本研究中，目的性设计原理是指测评题项应该在理念、内容、层次等方面与《课程标准（2017 年版）》数学学科核心素养中对关键能力的描述保持一致，以《课程标准（2017 年版）》为依据，在高中生数学抽象能力实然水平之内适当地拓展范围与提高要求，测评题项的立意、价值取向与研究内容保持一致，试题的设想与题干表达、题型与测评目的保持一致。在测评中，不同的题型具有不同的测评重点，选择题、填空题难以很好地对数学抽象能力进行直接、准确、全面的测评。因此，题型主要以解答题为主，其中包含封闭式解答题与开放式解答题两类，测评题型的设计要紧扣测评任务与目的。

2. 有效性原理

有效性原理是指设计测评题项时要保证题型与被测评者的实际相一致，此时，所编制的测评题项才是有效的。不同的被测评群体，其测评题项必须有所差异。在本研究中，测评题项的选择以学生关键能力的发展水平为主旨，力求能够反映高中生数学抽象能力的真实水平，使测评题项的设计与其要达到的评价目标相一致，学生的思维过程在一定程度上集中体现在测评题项的求解过程中。因此，测评题项的设计必须充分考虑到高中三年

---

① 马云鹏，孔凡哲，张春莉.数学教育测量与评价[M].北京：北京师范大学出版社，2009.

学生身心发展变化与数学学习内容的积累，最大限度地发挥测评题项的立意、呈现载体、设问方式对高中生数学抽象能力发展水平的甄别功能。

3. 体现命题思想原理

测评题项必须最大限度地体现命题思想，不同的命题思想，其测评的侧重点往往是不同的。如果是"知识立意"为指导下的测评，应该保证数学知识覆盖面越大、知识的深度越大，测评题项的水平越高，因此可以选择选择题、填空题。但是，本研究中的测评问卷是在"能力立意"的命题思想指导下，测评题项的设计应该反映出学生在运用数学知识解决问题过程中所体现出来的数学抽象能力、逻辑推理能力与数学建模能力。因此，不能仅仅关注学生在处理问题过程中的技能技巧，更重要的是看数学思维层面的转变过程。采用选择题、填空题等题型不能很好地达成测评目标。考虑到测评目的是评价高中生数学抽象能力的发展水平，在题型的选取上主要采用一些思维层面的解答题。

4. 协调性设计原理

协调性原理主要体现在两个方面：第一，题型的设计在于取得测评的整体效果，在学生测评问卷中的各种题型的比例、分量等要服从测评的整体目标；第二，协调性设计表现为，题型的设计必须坚持稳定与创新相协调的原则，这里的稳定性，是指题型设计应该从学生数学符号意识的实际状况出发，在内容、难度等方面保持相对稳定。这里的创新性是指题型应该做到稳中求变、变中求新、新中求好，给学生提供创新的机会。高中生数学抽象能力的培养与评价都是比较困难的，因此，在编制数学抽象能力的测评问卷时，既要注重数学抽象能力的特征，又要结合整个测评问卷的结构，保证问卷的整体效果与题型稳定。

（二）学生测评问卷题项编制的基本准则

1. 依据《标准》要求控制题项难度

测评题项的选取首先要体现《课程标准（2017 年版）》中最基础、最核心的内容，突出对学生数学抽象能力的评价。由于测评的对象是整个高中阶段，跨度很大，更应该了解三个年级学生关于数学抽象能力的考查内容，以此作为控制测评题项难度的依据。本研究旨在考查学生数学抽象能力与《课程标准（2017 年版）》之间的一致性，因此，测评题项的难度应该以课程目标与课程内容来确定，从《课程标准（2017 年版）》中相关要求出发选择测评题项。

2. 依据现行教材减少知识干扰

本研究考查高中阶段三个年级学生数学抽象能力发展水平，单纯以学生学过的数学知识为背景进行考核，难以得到学生数学抽象能力的真实水平。因此，如何保证测评工具尽可能不被学生所学知识所干扰，是一个非常重要的问题。尽量选取与所学知识相关不大的内容编制测试卷，在问卷编制过程中，重视问题情境的描述，通过现实生活情境、其他学科情境和数学内部情境，形成学生解决问题的"情境场域"，以此来消除学生所学知识内容带来的影响。

3. 依据题目设计凸显测评主旨

在传统的考试评价中，大部分题目设计是基于验证与证实为主要内容的，答案的唯一性决定了问题解决是借助相关数学概念、规则去寻求这一答案，这样的题目主要依托解题者对知识的理解和对各种解题技能技巧的熟练掌握，以考量知识与技能的掌握为主要目的。本研究以考察关键能力的发展为目标，就应当把探究型问题适当放入考题中，探索答案而不是只有验证答案。[①] 因此，题项的主要来源有如下几个渠道：第一，国内外已有研究中的测评题项；第二，《课程标准（2017 年版）》中的经典案例；第三，教材中的习题改编；第四，全国高考数学试题改编。在这四个范围中，为满足原则（1）与原则（2），本研究中以教材中试题及其变形为主，以其他三个试题来源为辅助。

4. 依据层次划分调节能力分布

在本研究中，测评问卷首先要考虑对数学抽象能力、逻辑推理能力与数学建模能力的综合考察；其次，三级水平的题目都应当出现，根据不同的考试目的，三级水平的题目分值比例可以不同，例如，平时测验试题的水平 一、二、三的分值比例可以为 5∶4∶1，选拔性考试的比例可以为 4∶4∶2，而根据《课程标准（2017 年版）》中关于数学抽象、逻辑推理、数学建模的相关要求，考题中应当减少选择题和填空题，因为这样的题目难以考察关键能力。为了区分出学生的层次水平，从题项设计和答案都体现了层次的区分。这主要体现在三个方面，第一，一个题项的连续问题具有梯度，使作答具有层次区分性；第二，采用反映不同层次水平提问方式，设计具有不同层次区分性的题项；第三，对于个别题项，在问题之前增加启发性引导语，改变问题的难度。[②] 在题项的编制过程中，也要充分考虑题项所涉及的数学抽象能力及其水平的合理布局。

（三）预测问卷的形成

事实上，当我们在预测一个试题的难度时，往往会发现，试题除了有客观难度以外，还有主观难度，并且与许多因素相关，包括试题所要求的

---

① 喻平.数学关键能力测验试题编制：理论与方法[J].数学通报，2019（12）：1-7.

② 王瑾.小学数学课程中归纳推理的理论与实践研究[D]：[博士学位论文]，长春：东北师范大学，2011.

知识与思维的复杂程度，试题所创设的问题情境的新颖性，试题的类型，试题对学生的考察价值，等等。① 基于此，本研究中测评题项的设计主要从以下两个方面考虑：一是高中生数学抽象能力考查内容；二是高中生数学抽象能力的发展阶段。前者主要决定了测评题项的载体与广度，后者主要决定了测评题项的类型与深度。

通过对国内外大量数学符号意识相关研究成果的梳理，在皮亚杰的认知发展阶段理论、SOLO 分类理论、PISA 数学素养测评等基础上，参考数学教育专家、教育学家、课程论专家和教材编写专家的意见与建议，从《课程标准（2017 年版）》出发，确定数学抽象能力的测评维度、考查内容与层次水平，高中生数学抽象能力测评问卷中的题项，从纵向上，按照三个水平设计，横向上，考虑数量关系与空间图形两个方面，如表 2-3 所示。

表 2-3　数学抽象能力测评题项命题细目

测评题项	数学抽象能力纵向水平									数学抽象能力横向维度	
	主题内容一			主题内容二			主题内容三			数量关系	空间图形
1	L1	L2	L3	L1	L2	L3	L1	L2	L3		
2											
3											
4											
……											
18											

---

① 雷新勇.大规模教育考试：命题与评价[M].上海：华东师范大学出版社，2006.

学生的测评问卷采用试题形式，包括三个部分：第一部分是指导语，第二部分是基本信息，第三部分是测评题项，测评题项采用封闭式问题与开放式问题相结合的题型设置，测评问卷的设计流程如图 2-2 所示。

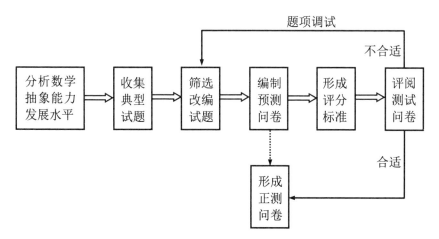

图 2-2　高中生数学抽象能力测评问卷的编制流程

通过该流程，结合测评问卷编制的原理与准则，全面、系统地了解高中阶段学生数学抽象能力的现状，根据专家访谈和问卷的结构，与几位数学教育专家、一线教师进行商量探讨，借鉴国内外数学能力的相关问卷改编，遴选题项，数学抽象能力、逻辑推理能力与数学建模能力，每个维度18 个测评题项，其中数量关系 9 个，空间图形 9 个，保证每个水平包含 3个题项。

高中生数学抽象能力测评题项需要处理"一致"与"差异"之间的矛盾，随着学生年级的增加，学生掌握的数学学习内容也在不断发生变化。因此，测评问卷不仅要考虑到整体的一致性，还要考虑体现不同年级学生的差异性。基于此，我们首先分析了《课程标准（2017 年版）》中涉及数量关系与空间图形的相关内容和要求，将其与数学抽象能力考查内容进行对照，根据项目细目来选择题项。其次对一线教师与学生进行调查，这些教师根据教学经验提出的建议，成为修改问卷中测评题项的主要依据。最后，为了保证题目的典型性和一般性，在问卷中既设计了简单的、具有一般性的题目，也设计了复杂的、具有典型性的题目。

三、测评问卷的试测

测评问卷初步形成之后，选择优质学校、中等学校、薄弱学校三种类型学校中各一个高二年级班级的学生进行试测，共 90 人，数据回收后剔除无效试卷，对预测试卷的结果进行项目分析，主要目的在于检验编制的测评问卷或者个别测评题项的可靠程度，它与信度检验的区别在于信度检验是针对整个测评问卷或者包含数个测评题项的层面或构念，而项目分析是针对每个题项而言的，通过题项间的同质性检验，作为个别题项筛选或修改的依据。

试测的主要目的在于检验测评问卷科学性与合理性，通过试测的项目分析可以看出，在预测问卷中，还存在一些需要进一步改正的问题，其中包括有些测评题项需要调整，有些测评题项需要更换，有些测评题项需要删除，下面主要阐述在试测过程中所表现出来的这些问题与问题的修正。

（一）数学抽象能力测评问卷初步编制后的项目分析

在对数学抽象能力的试测中，采用现场发放问卷的方法，共发放预测问卷 90 份，回收问卷 90 份，其中有效问卷 82 份，问卷有效率为 91.1%，将收回的数据用 SPSS21.0 对其进行统计分析，形成如表 2-4 的项目分析摘要。从题项决断值、题项与总分相关、校正题项与总分相关、题项删除后

的 α 值改变、题项的共同性与因素负荷量等指标来看，数学抽象能力测评试卷中第 3 题、第 9 题、第 12 题、第 17 题，第 18 题在以上六个指标的统计量均不理想，需要删除替换，13 个测评题项在以上六个指标的统计量均符合标准。

表 2-4　数学抽象能力测评试题项目分析摘要

题项	极端组比较	题项与总分相关		同质性检验			未达指标数	备注
	决断值	题项与总分相关	校正题项与总分相关	题项删除后的 α 值	共同性	因素负荷量		
a1	3.764	0.496	0.483	0.763	0.245	0.567	0	保留
a2	4.854	0.577	0.565	0.791	0.317	0.609	0	保留
a3	#2.359	#0.281	#0.377	#0.816	#0.192	#0.313	6	删除
a4	4.342	0.513	0.490	0.801	0.250	0.461	0	保留
a5	5.312	0.478	0.462	0.765	0.288	0.518	0	保留
a6	9.465	0.454	0.431	0.766	0.264	0.476	0	保留
a7	4.217	0.582	0.576	0.796	0.319	0.528	0	保留
a8	6.736	0.514	0.512	0.791	0.298	0.498	0	保留
a9	#2.601	#0.314	#0.277	#0.809	#0.044	#0.351	6	删除
a10	5.022	0.519	0.505	0.768	0.422	0.567	0	保留
a11	4.431	0.663	0.652	0.793	0.416	0.499	0	保留
a12	#1.889	#0.354	#0.307	#0.811	#0.117	#0.222	6	删除
a13	11.231	0.707	0.698	0.729	0.5352	0.679	0	保留
a14	#2.055	#0.264	#0.201	#0.822	#0.169	#0.421	6	删除
a15	6.809	0.678	0.659	0.799	0.578	0.682	0	保留
a16	7.778	0.530	0.521	0.785	0.423	0.5244	0	保留

续表

题项	极端组比较	题项与总分相关		同质性检验			未达指标数	备注
	决断值	题项与总分相关	校正题项与总分相关	题项删除后的 α 值	共同性	因素负荷量		
a17	#2.333	#0.336	#0.216	#0.806	#0.117	#0.390	6	删除
a18	#2.538	#0.323	#0.289	#0.813	#0.124	#0.333	6	删除
判标准则	≥ 3.000	≥ 0.400	≥ 0.400	≥ 0.802	≥ 0.200	≥ 0.450		

注：0.802 为整个问卷的内部一致性 α 系数；# 未达指标值。

（二）数学抽象能力测评问卷第一次修订后的项目分析

对于不合格的测评题项，重新进行筛选，再次对数学抽象能力试卷进行试测中，采用现场发放问卷的方法，共发放预测问卷 90 份，回收问卷 90 份，其中有效问卷 79 份，问卷有效率为 87.8%，将收回的数据用 SPSS21.0 对其进行统计分析，形成如表 2-5 的项目分析摘要。从题项决断值、题项与总分相关、校正题项与总分相关、题项删除后的 α 值改变、题项的共同性与因素负荷量等指标来看，重新选取的试题中第 3 题、第 12 题、第 17 题在以上六个指标的统计量均不理想，需要删除替换，15 个测评题项在以上六个指标的统计量均符合标准。

表 2-5　数学抽象能力测评试题项目分析摘要

题项	极端组比较	题项与总分相关		同质性检验			未达指标数	备注
	决断值	题项与总分相关	校正题项与总分相关	题项删除后的 α 值	共同性	因素负荷量		
a1	11.115	0.623	0.615	0.812	0.398	0.731	0	保留
a2	15.247	0.802	0.734	0.807	0.452	0.525	0	保留
a3	#2.183	#0.217	#0.091	#0.837	#0.034	#0.205	6	删除
a4	20.834	0.834	0.823	0.814	0.669	0.776	0	保留
a5	26.712	0.865	0.834	0.794	0.785	0.876	0	保留
a6	22.231	0.842	0.812	0.822	0.794	0.598	0	保留
a7	5.237	0.508	0.438	0.798	0.489	0.604	0	保留
a8	12.346	0.654	0.637	0.809	0.439	0.682	0	保留
a9	8.217	0.578	0.558	0.817	0.697	0.497	0	保留
a10	7.818	0.555	0.507	0.816	0.782	0.785	0	保留
a11	7.367	0.754	0.748	0.817	0.444	0.612	0	保留
a12	#1.919	#0.098	#0.095	#0.845	#0.017	#0.045	6	删除
a13	4.829	0.623	0.618	0.789	0.456	0.492	0	保留
a14	9.129	0.773	0.734	0.819	0.471	0.732	0	保留
a15	10.322	0.812	0.798	0.804	0.577	0.647	0	保留
a16	11.521	0.831	0.812	0.788	0.490	0.573	0	保留
a17	#2.212	#0.376	#0.342	#0.839	#0.187	#0.382	6	删除
a18	6.334	0.589	0.567	0.799	0.531	0.544	0	保留
判标准则	≥ 3.000	≥ 0.400	≥ 0.400	≤ 0.833	≥ 0.200	≥ 0.450		

注：0.833 为整个问卷的内部一致性 α 系数；# 未达指标值。

（三）数学抽象能力测评问卷第二次修订的项目分析

对数学抽象能力测评问卷不合格的三个题项，再次替换，进行第三次试测，采用现场发放问卷的方法，共发放预测问卷 90 份，回收问卷 90 份，其中有效问卷 81 份，问卷有效率为 90.0%，将收回的数据用 SPSS21.0 对其进行统计分析，形成如表 2-6 的项目分析摘要。从题项决断值、题项与总分相关、校正题项与总分相关、题项删除后的 α 值改变、题项的共同性与因素负荷量等指标来看，所有题项在以上六个指标的统计量均符合标准。

表 2-6 数学抽象能力测评试题项目分析摘要

题项	极端组比较	题项与总分相关		同质性检验			未达指标数	备注
	决断值	题项与总分相关	校正题项与总分相关	题项删除后的 α 值	共同性	因素负荷量		
a1	3.647	0.547	0.415	0.791	0.429	0.523	0	保留
a2	4.234	0.519	0.502	0.804	0.307	0.472	0	保留
a3	5.562	0.651	0.638	0.799	0.669	0.572	0	保留
a4	11.723	0.742	0.722	0.783	0.453	0.495	0	保留
a5	6.458	0.753	0.670	0.703	0.607	0.506	0	保留
a6	8.136	0.679	0.634	0.769	0.579	0.781	0	保留
a7	12.012	0.703	0.698	0.799	0.402	0.545	0	保留
a8	7.728	0.566	0.512	0.756	0.317	0.517	0	保留
a9	6.998	0.781	0.768	0.768	0.679	0.790	0	保留
a10	3.346	0.695	0.579	0.801	0.490	0.567	0	保留
a11	12.320	0.676	0.643	0.812	0.674	0.628	0	保留

续表

题项	极端组比较	题项与总分相关		同质性检验			未达指标数	备注
	决断值	题项与总分相关	校正题项与总分相关	题项删除后的 α 值	共同性	因素负荷量		
a12	10.761	0.775	0.737	0.804	0.701	0.457	0	保留
a13	8.509	0.619	0.611	0.720	0.557	0.563	0	保留
a14	3.808	0.598	0.577	0.779	0.384	0.530	0	保留
a15	3.659	0.666	0.653	0.786	0.335	0.579	0	保留
a16	4.233	0.755	0.699	0.776	0.487	0.612	0	保留
a17	5.123	0.781	0.776	0.809	0.511	0.459	0	保留
a18	6.732	0.572	0.563	0.794	0.636	0.718	0	保留
判标准则	≥ 3.000	≥0.400	≥0.400	≤0.815	≥0.200	≥0.450		

注：0.815 为整个问卷的内部一致性 α 系数；# 未达指标值。

第六节　研究的信度与效度

在教育研究中，尤其是问卷调查法中，需要讨论测评问卷的效度（Validity）与信度（Reliability）。效度是正确性程度，包含两个方面的意思，一是测量了什么特性，二是测量到何种程度，效度是衡量研究结果是否反映了研究对象的实际状况；而信度是指测量数据和所得结论之间的可靠程度。① 信度是效度的必要条件，两者共同构成了研究的可靠性。② 本研究在项目分析的基础上，先对三个测评问卷的效度进行分析，然后再讨论其信度。

一、测评问卷的效度分析

效度是指证据对研究者基于用特定工具收集到的数据而做出的推论的支持程度，被证明有效的是关于某具体工具使用的推论，而不是工具本身。③ 量表或测试卷的效度包括内容效度、效标关联效度、建构效度。在三种效度中，建构效度以理论的逻辑分析为基础，同时又根据实际所得的资料来检验理论的正确性，因此是一种相当严谨的效度检验方法（王保进，2002）。而预测问卷形成是基于和数学教育专家以及一线数学教师的讨论，在本研究中，主要检验测评问卷的专家效度与建构效度。

（一）测评问卷的专家效度

在建构效度检验之前，将编制好的问卷进行专家咨询，请有数学关键能力、数学学科核心素养研究经验的数学教育专家以及一线工作教师逐题进行检视，查看题项内容是否能够测出学生的数学抽象能力，查看词句是否适切，提供修改意见，根据专家提供的修改意见，整体分析问卷并修正适切的词句，然后形成预测问卷。

---

① 陈向明.教育研究方法[M].北京：教育科学出版社，2013.

② Hughes, A. Testing for Language Teachers [M] . Beijing: Foreign Language Teaching and Research Press. 2000.

③ 杰克·R.弗林克尔，诺曼·E.瓦伦.教育研究的设计与评估（第四版）[M].北京：华夏出版社，2004.

（二）测评问卷的建构效度

建构效度的检验采用主成分分析法和直交旋转中的方差最大变异法。主成分分析与共同因素分析不同，因素分析是共同变量导向的，重点在于解释变量之间的相关性，而主成分分析是方差导向的，重点在于解释数据的变异量。在进行主成分分析时，涉及三个核心概念，题项适切性量数（MSA）、因素负荷量与 KMO 统计量值，下面首先对这三个核心概念进行简单的阐述。

1. 题项适切性量数（MSA）

在进行主成分分析时，MSA 是判别个别题项是否适合投入因素分析程序中的，与抽取共同因素的个数无关。当某题项的 MSA 值越接近 1，表明该题项越适合投入因素分析的程序中。一般的判别指标值为 0.6 以上，当 MSA 值小于 0.6 时，则题项不适合进行因素分析，此时，该题项可以考虑从因素分析程序中删除。

2. 因素负荷量

因素负荷量反映题项变量对各共同因素的关联程度，至于因素负荷量值要多大才能将题项纳入共同因素之中，这要同时考虑到因素分析时样本的大小，若样本较少，则因素负荷量的选取标准较高；样本大小与因素负荷量的选取标准如表 2-7 所示，在本研究试测中样本数量在 100 左右，因素负荷量选取标准值为 0.550，题项变量状况表现为好。

表 2-7　因素负荷量选取标准值及题项变量状况

样本大小	因素负荷量选取标准值	解释变异量（因素负荷量）	题项变量状况
50	0.750	50%（0.71）	甚为理想
60	0.700		

续表

样本大小	因素负荷量选取标准值	解释变异量（因素负荷量）	题项变量状况
70	0.650	40%（0.63）	非常好
85	0.600		
100	0.550	30%（0.55）	好
120	0.500		
150	0.450	20%（0.45）	普通
200	0.400		
250	0.350	10%（0.32）	不好
350	0.300	<10%（<0.32）	舍弃

3.KMO 统计量值

在主成分分析之前，首先需要检验 KMO 值，根据学者 Kaiser（1974）的观点，如果 KMO 值小于 0.5 时，不适宜进行因素分析，进行因素分析的准则至少 KMO 值要在 0.6 以上，具体如表 2-8 所示。一般地，KMO 值越大，Bartlett 检验的卡方值越显著，说明数据越适合进行因素分析。[1]下面，将依次分别对三个学段的测评问卷进行建构效度的分析。

表 2-8　KMO 统计量值判断标准[2]

KMO 值	判别说明	因素分析适切性
0.90 以上	极适合进行因素分析（marvelous）	极佳的（Perfect）

① 吴明隆.SPSS 统计应用实务[M].北京：中国铁道出版社，2001.

② Kaiser H F. Little Jiffy, Mark IV [J]. Educational and Psychological Measurement, 1974, (34): 111-117.

KMO 值	判别说明	因素分析适切性
0.80 以上	适合进行因素分析（meritorious）	良好的（Meritorious）
0.70 以上	尚可进行因素分析（middling）	适中的（Middling）
0.60 以上	勉强可进行因素分析（mediocre）	普通的（Mediocre）
0.50 以上	不适合进行因素分析（miserable）	欠佳的（Miserable）
0.50 以下	非常不适合进行因素分析（unacceptable）	无法接受的（Unacceptable）

4. 学生数学抽象能力测评问卷的建构效度

（1）数学抽象能力测评问卷的建构效度分析

经过前面的项目分析之后，结合专家咨询结果，对问卷进行调整与重新选题，数学抽象能力测评问卷共包含 18 个测评题项，本研究首先计算了 18 个题项的 MSA 值，测评问卷中 18 个题项的 MSA 值均大于 0.6，表示各题项都适合进行因素分析。

接下来进行 KMO 值的判断，如表 2-9 所示，数学抽象能力测评问卷的 KMO 值为 0.864，指标值大于 0.8，呈现的性质为"良好的"标准，表明该问卷适合进行因素分析，此外，Bartlett 球形检验的卡方值为 411.379，df=153，显著水平 p=0.00<0.001，极其显著，代表总体的相关矩阵间有共同因素存在，适合进行因素分析。

表 2-9　第一学段 KMO 检验和 Bartlett 球形检验结果

Kaiser-Meyer-Olkin 取样适切性		0.864
Bartlett 球形检验	近似卡方	411.379
	自由度	153
	显著水平	0.000

　　下面对学生数学抽象能力的测评问卷进行因素分析，得到其主成分的碎石图，如图 2-3 所示。从图中可以看出，第七个因素以后，坡度线变为平坦，表示无特殊因素值得提取，因而保留六个因素较为适宜，这六个因素与原先编制测评试卷时所遵循的"二维度 × 三水平"测评框架一致。学生数学抽象能力测评试卷因素分析转轴后成分矩阵如表 2-10 所示。

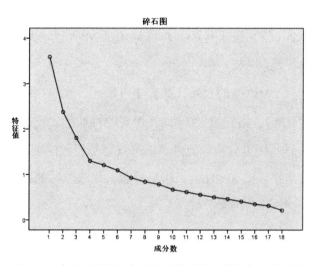

图 2-3　高中生数学抽象能力测评试卷主成分分析碎石图

表 2-10　转轴后成分矩阵

题项变量	成分					
	1	2	3	4	5	6
a1	0.755					
a18	0.619					
a5	0.575					
a3		0.720				
a6		0.705				
a9		0.699				
a10			0.743			
a4			0.683			
a15			0.578			
a2				0.758		
a12				0.669		
a14				0.650		
a7					0.668	
a11					0.576	
a16					0.555	
a13						0.633
a8						0.569
a17						0.536
特征值	3.052	2.946	1.797	1.377	1.105	1.091
解释变异量 %	16.954	16.364	9.985	7.651	6.137	5.896
累积解释变异量 %	16.954	33.318	43.304	50.955	57.092	62.988

萃取方法：主成分分析

旋转方法：含 Kaiser 正态化的 Varimax 法

a 轴收敛于 25 个迭代

采用主成分分析萃取法共抽取六个共同因素，六个因素特征值分别为 3.052、2.946、1.797、1.377、1.105、1.091，六个因素构念联合解释变异量为 62.988%，大于 60%，第一个因素最大因素负荷量为 0.755，第二个因素最大因素负荷量为 0.720，第三个因素最大因素负荷量为 0.743，第四个因素最大因素负荷量为 0.758，第五个因素最大因素负荷量为 0.668，第六个因素最大因素负荷量为 0.633，因素负荷量情况较好，旋转后的因素负荷矩阵和累积解释变异量表明提取的六个因素对整个测评问卷的有效程度较好，"二维度 × 三水平"的试卷结构具有很好的稳定性和独立性，问卷的内部结构较为理想，保留萃取的六个因素其建构效度较好，至此，形成高中生数学抽象能力的测评试卷。

通过主成分分析可以得到数学抽象能力测评试卷的构建效度均为良好，接下来利用 Pearson 相关分析来检验各分析层次之间是否存在相关性，通过相关性分析，根据表 2-11 各分析层次相关系数矩阵所示。

表 2-11　各分析层次间的相关系数矩阵

	因素一	因素二	因素三	因素四	因素五	因素六	总试卷
因素一	1.000						
因素二	0.275*	1.000					
因素三	0.444**	0.546**	1.000				
因素四	0.559**	0.530**	0.404**	1.000			

	因素一	因素二	因素三	因素四	因素五	因素六	总试卷
因素五	0.300**	0.231*	0.452**	0.335**	1.000		
因素六	0.369**	0.380**	0.255*	0.553**	0.466**	1.000	
总试卷	0.476**	0.524**	0.433**	0.342**	0.360**	0.270*	1.000

注：* 表示在显著性水平为 0.05 时，相关性显著（双尾）。

　　** 表示在显著性水平为 0.01 时，相关性显著（双尾）。

可以看出，因素一与因素二之间存在显著相关，相关系数 r=0.275（$p<0.05$）；因素一与因素三之间存在显著相关，相关系数 r=0.444（$p<0.01$）；因素一与因素四之间存在显著相关，相关系数 r=0.559（$p<0.01$）；因素一与因素五之间存在显著相关，相关系数 r=0.300（$p<0.01$）；因素一与因素六之间存在显著相关，相关系数 r=0.369（$p<0.01$）。因素二与因素三之间存在显著相关，相关系数 r=0.546（$p<0.01$）；因素二与因素四之间存在显著相关，相关系数 r=0.530（$p<0.01$）；因素二与因素五之间存在显著相关，相关系数 r=0.231（$p<0.05$）；因素二与因素六之间存在显著相关，相关系数 r=0.380（$p<0.01$）。因素三与因素四之间存在显著相关，相关系数 r=0.404（$p<0.01$）；因素三与因素五之间存在显著相关，相关系数 r=0.452（$p<0.01$）；因素三与因素六之间存在显著相关，相关系数 r=0.255（$p<0.05$）。因素四与因素五之间存在显著相关，相关系数 r=0.335（$p<0.01$）；因素四与因素六之间存在显著相关，相关系数 r=0.553（$p<0.01$）。因素五与因素六之间存在显著相关，相关系数 r=0.466（$p<0.01$）。各因素与总测评问卷存在显著相关。

二、测评问卷的信度分析

在因素分析确定测评问卷良好的建构效度之后，为了进一步说明测评问卷的可靠性与有效性，下面对测评问卷进行信度检验。在本研究中，检验信度采用同质性信度——α 系数（即 Cronbach 值）及折半信度，测评问卷的信度越高，代表问卷越稳定。一般地，一份优良的教育测试至少应该具有 0.80 以上的信度系数才比较具有使用的教育价值（Camines 和 Zeller，1979）。内部一致性系数指标判断原则具体如表 2-12 所示，其中，分测评的信度指标值至少要在 0.60 以上，低于 0.50 则表示分测评信度指标欠佳；整个测评问卷最低内部一致性信度系数要在 0.70 以上，最好能够高于 0.80。[①]

表 2-12　测评信度指标值的判断标准

α 系数	分测评信度	整个测评问卷信度
0.900 以上	非常理想（信度非常好）	非常理想（甚佳，信度很高）
0.800 至 0.899	理想（甚佳，信度很高）	佳（信度高）
0.700 至 0.799	佳（信度高）	尚佳
0.600 至 0.699	尚佳	可以接受，适当修改
0.500 至 0.599	可以接受，适当修改	不理想，重新编制或修订
0.500 以下	不理想，舍弃	非常不理想，舍弃

本研究中测评问卷共六个因素，每个因素中包含 3 个测评题项，共 18 个测评题项，通过内部一致性检验，得到如表 2-13 所示结果。

[①] 吴明隆. 问卷统计分析实务——SPSS 操作与应用[M].重庆：重庆大学出版社，2010.

表 2-13　高中生数学抽象能力测评问卷信度

测评内容	各分测评的 α 系数						α 系数	折半信度
	因素一	因素二	因素三	因素四	因素五	因素六		
数学抽象能力	0.793	0.774	0.801	0.811	0.759	0.726	0.815	0.803

由表 2-13 可以看出，高中生数学抽象能力测评问卷总体 Cronbach'Alpha 值是 0.915，Spearman-Brown 系数是 0.803，均在 0.800 以上，表明本测评问卷整体信度高，因素三与因素四分测评的 Cronbach' Alpha 值在 0.800 以上，表明分测评信度很高，其余四个因素分测评的 Cronbach' Alpha 值在 0.726—0.793，均在 0.700 以上，按照分测评信度的标准。分测评信度较高。通过信度检验，测评问卷的 α 信度指标基本达到了测量学要求，各分测评之间具有很高的一致性，适宜作为测量工具使用。

第七节　研究资料的收集与整理

一、数据的收集

数据的收集包括试测阶段与实测阶段，根据试测结果对测评问卷的题项进行调整与替换，并对其项目分析、效度与信度检验，形成最终的测评问卷，然后进行最终实测。正式测试于 2019 年的 10 月至 11 月开始，这个时间段高一年级、高二年级学生不在期末复习阶段，高三年级距离高考尚远，保证有足够的时间来完成测试。学生入学一个月后，已经完成假期"收心"过程，保证其答题的效果与态度。

由于样本城市皆在省内选取，因此，数据收集方式都是现场测评，一种是研究者亲自到被试学校进行监考并对有关问题进行适当解释，另一种是将测评问卷邮寄给被试学校，附以相关说明，请该学校教师进行监考并对有关问题进行适当解释，再将问卷寄回。两种方式均做到以下两点：其一，学生在固定的时间之内独立完成测评问卷，整个测评时间控制在一节课（50分钟）；其二，教师不能对测评问卷进行内容指导，可以解释与测评题项回答无关的问题。

在正测中，分三次进行测评，共发放问卷2269份，回收问卷2269份，回收率为100%，其中，数学抽象能力测评试卷有效问卷2163份，有效率为95.3%；逻辑推理能力测评试卷有效问卷2171份，有效率为95.7%；数学建模能力测评试卷2135份，有效率为94.1%，如表2-14所示。

表2-14　数学抽象能力测评问卷发放情况

学校类型	年级	年级个数	人数（有效人数）	总人数（有效人数）
优质学校	高一	5	237（228）	751（721）
	高二	5	265（252）	
	高三	5	249（241）	
中等学校	高一	5	258（243）	756（728）
	高二	5	254（246）	
	高三	5	244（239）	

学校类型	年级	年级个数	人数（有效人数）	总人数（有效人数）
薄弱学校	高一	5	262（247）	762（714）
	高二	5	259（239）	
	高三	5	241（228）	

二、数据的编码

为了后面内容撰写与描述的方便，将测评问卷的题项进行编码，如表2-15所示，A 表示数学抽象能力，R 表示逻辑推理能力，M 表示数学建模能力，L 表示数学抽象能力的水平，用 SL 表示数量关系，用 JH 表示几何图形，例如，A-SL-L1-1 表示数学抽象能力水平 1 的第一个题项。而对于学生的编码我们采用城市、学校、年级、试卷编号的形式，T 表示唐山市、C 表示承德市、S 表示石家庄市、H 表示衡水市、Z 表示张家口市，Y 表示优质学校，D 表示中等学校，B 表示薄弱学校，例如学生 TB020111 表示唐山市薄弱学校的第二所学校高一年级，试卷编号为 11 的学生。

表 2-15 测评问卷题项的编码

测评维度	内容维度	试题分布	个数
数学抽象能力	数量关系	A-SL-L1-1，A-SL-L1-2，A-SL-L1-3	3
		A-SL-L2-1，A-SL-L2-2，A-SL-L2-3	3
		A-SL-L3-1，A-SL-L3-2，A-SL-L3-3	3
	几何图形	A-JH-L1-1，A-JH-L1-2，A-JH-L1-3	3
		A-JH-L2-1，A-JH-L2-2，A-JH-L2-3	3
		A-JH-L3-1，A-JH-L3-2，A-JH-L3-3	3

三、评分的标准

每个测评题项最低分为 0 分，最高分为 5 分，包含 0、1、2、3、4、5 六个分值，问卷满分为 90 分。这种方法直观、简洁，既方便评分，又便于数据的收集与分析。虽然测评分数属于等级量表，但测验学家却把测评分数作为等距量表来处理，通过计算测评分数的平均数、标准差、相关系数，对其进行方差分析与差异性检验。虽然数学测评题项的答案非对即错，只要评分标准给出，测评结果在一定程度上就是确定的，但为了避免单一评分者所造成的测量偏差，本研究选取了两位评分者按照同一评分标准，分别独立对学生测评问卷进行评判，最终取平均值进行录入。

第三章　高中生数学抽象能力测评框架的构建

2011—2013 年，教育部组织了对高中数学课标实验稿实施情况的调查研究。2014 年 12 月 8—9 日，教育部召开"普通高中课程标准"修订工作启动会暨第一次工作会，标志着高中课程标准修订工作正式拉开了帷幕。在这次修订稿中，不仅对高中数学课程结构、学业质量标准、高考改革等方面进行改进，更重要的是将数学核心素养写入标准。2018 年 1 月，教育部印发了《课程标准（2017 年版）》，充分借鉴了国际课程改革的优秀成果，在国际数学教育视野中结合我国实际情况，构建了具有中国特色的新时代数学课程标准。《普通高中数学课程标准（实验）》就已经在课程性质中指出：高中数学课程对于认识自然、社会，形成理性思维，提高分析问题、解决问题的能力和创新意识具有基础性的作用。而理性思维的形成和发展，创新意识的培养和增强都是在以数学抽象概括能力的发展为核心的基础上实现的。[①]与 2003 年《普通高中数学课程标准（实验稿）》相比，《课程标准（2017 年版）》最大的亮点之一是凝练、提出并落实数学核心素养，这充分体现了我国数学课程与国际核心素养体系的对接，也是教育部《关于全面深化课程改革　落实立德树人根本任务的意见》中关于研究提出各

---

① 中华人民共和国教育部.普通高中数学课程标准（实验）[M].北京：人民教育出版社，2003.

学段学生发展核心素养体系的具象体现。①

第一节　数学抽象能力的基本意蕴

从词源角度来看，"抽象"（abstraction）来自拉丁语"abtrahere"，其中"ab"有"离开"之意，"trahere"有"拖、拉"之意。因此，"抽象"直观的意义"是把（什么东西）从（什么地方）拖出来，使之离开"。从词性来看，抽象有三种词性：其一，动词，表示抽象的过程；其二，形容词，表示抽象的属性；其三，名词，表示抽象的结果。而《辞海》对"抽象"也有三种解释：第一种是与"具体"相对，认为抽象是事物某一方面的本质规定在思维中的反映；第二种认为抽象是在思维活动中抽取事物的本质属性，抛弃非本质属性的过程；第三种是与"科学的抽象"相对，认为抽象是一种片面、不切实际地观察事物的不当方法。可以看出，东西方文化都将抽象界定为抽象的内容与抽象的过程，所以，抽象实际上具有双重性，即过程性与结果性，既可以表示抽象的过程，又可以表示抽象所得结果。例如在现实情境中获得数学概念，获得数学概念的过程是抽象，而数学概念本身也是一种抽象。②

---

① 武丽莎，朱立明.新课标背景下数学核心素养的理论意蕴与实践要求[J].天津师范大学学报（基础教育版），2018（2）：32-36.

② Gray E, Tall D.. Abstraction as a natural process of mental compression[J].Mathematics Education Research Journal, 2007,19(2):23-40.

数学是以抽象的形式反映客观世界，这种反映方式表现为抽象与现实、主观与客观的辩证统一，[①]数学抽象本身体现着现实世界与数学世界的转化关系。数学抽象能力强调学生对于数学抽象的内化与应用，焦点开始从数学抽象的本体转向人的能力。从数学学科发展来看，现代数学体系的构建依赖于数学家们的数学抽象能力。从学生发展来看，学生数学素养的生成同样依赖于学生的数学抽象能力，这是因为学生数学抽象能力有利于帮助学生排除概念的物理属性干扰，形成符号化、形式化的数学语言，从而保证数学思维的清晰与深刻。因此，学生数学抽象能力的形成与发展过程是数学家数学抽象能力的缩影。按照抽象程度的不同，学生数学抽象能力包含两个层面：第一个层面是从实物中抽象出"数"与"形"，并用数学符号予以表征，例如从七桥问题到欧拉定理。第二个层面是从其他数量关系或运算中抽象出"数"与"形"，例如虚数单位"i"，它并非从现实情境中获得，而是在运算过程中形成以后，才在现实世界找到其模型。无论哪个层面的数学抽象能力，都能够帮助学生脱离经验意义的存在，形成一般性数学概念、规律和结构。

《课程标准（2017 年版）》中这样描述数学抽象素养："数学抽象是指通过对数量关系与空间形式的抽象，得到数学研究对象的素养。主要包括：从数量与数量关系、图形与图形关系中抽象出数学概念及其概念之间的关系，从事物的具体背景中抽象出一般规律和结构，并用数学语言予以表征。"

可以看出，数学抽象是指舍去事物的一切物理属性，得到数学研究对象的思维过程。数学抽象是对某一类事物或现象关于量的共同本质属性的

[①] 解恩泽，徐本顺.数学思想方法[M].济南：山东教育出版社，1989.

描述，这里的量包含数学中的数与形两个方面。例如，函数是高中数学核心内容，高中的数学抽象主要集中体现在函数概念形成过程中，因此可以借助函数这一抽象概念，培养学生感悟数学抽象的不同层次，引导学生生成数学抽象核心素养。函数最早源于人们对动点轨迹的探索，变量的引入实现了函数第一次抽象，这时的函数概念还具有一定的描述性；当人们很少限制函数表达式，而转向采用对应来定义函数就实现了函数第二次抽象，这时的函数概念不再是对一个过程的描述，法则的引入使函数脱离了图像、表格、表达式的具体表现形式，依赖于集合的对应使函数更加抽象；碍于对应法则的模糊不清，布尔巴基学派开始采用关系来定义函数时，这实现了函数的第三次抽象，这时函数的概念最为抽象，函数概念不需要对应法则而成为一种关系。函数概念的3次抽象是数学从几何观念到代数观念，再到对应观念的发展过程。数学抽象需要学生积累从具体到抽象的数学活动经验，通过对概念、命题、定理的理解，把握事物的数学本质属性，逐步形成一般性思考问题的方法。

高中生数学抽象能力观照数量关系与空间图形两个层面，旨在纵向联结数学核心内容与数学基本思想，横向凝聚其他数学关键能力，表现为在"数学化"的活动中，通过情境对数学概念与规则的探索与获得，对数学命题与模型的提出与构建，对数学方法与思想的应用与内化，对数学结构与体系的认识与拓展，从而形成的以解决问题为指向的数学关键能力。下面我们从"纵向联结""横向凝聚""数学化""解决问题"四个方面再进一步对数学关键能力加以阐释。[①]

---

① 朱立明.高中生数学关键能力测评指标体系的构建[J].课程教材教法，2020（3）：34-42.

一、关于"纵向联结"的释义

数学关键能力不是一般意义上的数学能力，我们不能抛开数学内容与数学思想单纯地谈数学关键能力，这样容易陷入"知识本位"与"能力本位"的二元对立。数学抽象能力也是如此，它联结了数学知识（概念、规则、命题、模型等）与数学思想（主要是抽象思想），是在对数学知识的本质认识的基础上，形成对数学规律的理性认识，并在不同情境中运用以解决问题，在这个过程中，形成数学抽象能力，进而提升数学抽象思想。史宁中教授给出成为数学思想的两个标准：其一，数学产生以及数学发展过程中所必须依赖的基本思想；其二，人们在谈论数学时，总要谈及的独特素质。基于此标准得出数学发展所依赖、所依靠的思想在本质上有三个：抽象、推理、模型。因此，数学基本思想在一定程度上蕴含了数学能力，例如，数学抽象能力表现为从数与数量关系、图与图形关系中抽象出数学概念，经过数学抽象能力的培养可以更好地形成数学抽象思想。

二、关于"横向凝聚"的释义

在学生数学学习过程中，可以形成多种数学能力，这些数学能力能够应对生活的各种情况。其中，数学关键能力处在众多数学学科能力要素的中心位置，这就要很好地理解"关键"。首先，从范围层面来看，"关键"是针对某个领域或者体系而言，以孤立形态存在的对象不存在"关键"一说；其次，从时间层面来看，"关键"对事物或事情而言是不间断的，其支持作用不会消失；最后，从功能层面来看，"关键"是不可或缺的、决定性的，是一个领域或体系存在的基石。数学抽象能力是其他数学关键能力的基础，可以与其他数学关键能力相互渗透，例如，借助数学命题的抽象，与逻辑推理能力建立联系，通过数学模型的抽象，可以和数学建模能力建立联系，依赖运算关系的抽象，可以和数学运算能力建立联系。因此，数学抽象能力与其他数学能力并非完全割裂的，而是彼此之间相互渗透，横向凝聚成数学关键能力。

三、关于"数学化"的释义

"数学化"源于数学家弗赖登塔尔（Freudenthal）数学教育中"再创造"的观点，在他看来，数学学习的根源在于常识的获得，这个过程是一种实践行为，在实践中将这些常识借助反思，从横向与纵向两个方面形成系统。"数学化"体现了学生数学学习的主动性，所有的活动是学生自己去完成的，而不是靠外界强加的压力。"在数学教育中应当特别注意这个数学化的过程，培养学生一种自己获取数学的态度与能力，构建自己的数学，数学化一个十分重要的方面就是反思自己的活动"。数学抽象促进了数学概念及其关系的建构，推动了数学学科的产生和发展。数学概念的抽象就是数学化的过程，其中主要包含两个途径，其一是从现实具体存在中抽象获得，其二是借助相关数学符号或者类比获得，例如球的概念形成可以通过对现实世界中各种球类物理属性（颜色、材料、质地等）的舍弃，从得到所有球类的共同本质属性（大小与结构），即球的概念，也可以通过类比圆的概念，将平面图形拓展至空间图形得到球的概念。无论是哪一种途径的数学抽象，都使数与形脱离了直观意义与经验意义上的存在，形成一般性概念、结构和规律，并且用数学符号予以表征，经过数学抽象，数学意义的表达才更具一般性，这恰恰是数学化过程。①

---

① 朱立明，胡洪强，马云鹏. 数学核心素养的理解与生成路径——以高中数学课程为例[J]. 数学教育学报，2018，27（1）：42-46.

四、关于"解决问题"的释义

在以往数学教学中，应用题常常指向解决问题，但由于其过度模式化，与学生真实生活相去甚远，学生可以根据所给数字与条件，将其转化为数学运算加以解决，从而导致学生形成一种错误的数学观，例如，数学就是数字、公式、法则、计算，与生活毫无关系。因此，这里的解决问题首先需要适切性的问题情境，使学生焦点回到问题所描述事件的意义上，开始关注数学符号、规则在问题情境中的含义，从问题情境中抽象出数量关系。其次，需要符合学生的知识基础，我们在表达问题时尽量做真实性、直观性、趣味性，方便学生在问题与知识之间建立联系，从条件与问题之间抽象出两者的关联。最后，需要考虑解题策略。问题的设置最好能够实现解题策略的多样化，考虑不同学生可能选取的解题策略，确保学生可以从自己的角度思考问题。

第二节　数学抽象能力的表现形式

数学抽象能力的表现形式是其内涵的外在表现，是评价维度的具体体现。《课程标准（2017 年版）》指出："数学抽象主要表现为获得数学概念和规则，提出数学命题和模型，形成数学方法与思想，认识数学结构与体系。"

一、获得数学概念和规则

（一）数学概念的获得

数学概念是事物在数量关系和空间形式方面的本质属性，是人们通过实践，从数学所研究的对象的许多属性中，抽象出其本质属性概括而成的。数学中的基本概念，是人们通过对事物的感性认识，在数量关系和空间形式方面抽象出来的理性结果，是源于现实而超越现实的产物，具有一定的科学性。数学概念的形成，标志着人们对于数学的认识已经由感性认识上升到理性认识。[①]数学概念的概括性和抽象性是由数学概念的形成过程来决定的，数学概念是客观事物在"数"与"形"本质属性的反映，数学概念的概括程度与抽象程度具有一定的层次性，有的数学概念通过一次抽象获得，例如几何中的直线、角、球等概念，这些概念直观性较强；还有一些概念是需要进一步抽象获得的，例如函数、向量、分式等概念，这些概念是在已有的概念基础之上第二次抽象、概括形成的；还有一些数学概念，在现实世界中没有其"原型"的存在，纯粹的思维层面的抽象结果，例如四元数、n维空间、群、环、域等。所以，低抽象程度的概念可以看作高抽象程度概念的具体模型。[②]

（二）数学规则的获得

数学规则包含了数学的公理、定理、法则、公式，数学规则是数学命题的一部分，联结着数学概念与数学问题解决。每一个数学规则都是通过

———————————

① 朱立明，马云鹏.基于新课标学生数学价值感悟研究[J].数学教育学报，2014，33（5）：33-35，55.

② 曹一鸣，张生春，王振平.数学教学论（第2版）[M].北京：北京师范大学出版社，2019.

对一个或者多个数学概念概括抽象获得，例如三垂线定理、对数的运算法则、函数的求导公式，其中都包含了多个数学概念。数学概念在一定程度上是数学规则形成的基础，从抽象程度来看，数学规则的抽象要远比数学概念抽象程度高得多，它是对数学概念的一种形式化、符号化的提炼，学生在获得数学规则的过程中，需要理解数学家们所构造的数学规则的结构，对其中所包含的一些基本概念进行还原，再根据自身经验，进行抽象重构。因此，厘清数学概念之间的关系，构建数学概念的结构网络，通过理解数学规则中各要素之间的关系及其运作方式，对于数学规则的获得是至关重要的。

二、提出数学命题和模型
（一）数学命题的提出

数学命题是数学概念的进一步延伸，由概念或一些简单命题构成，揭示了从现实世界的数量关系与空间形式中抽象出来的一般性规律，因此，数学命题的抽象程度要高于数学概念。[①] 数学命题的提出是建立在猜想的基础之上，继而对猜想进行证明，若猜想不成立，则是假命题，若猜想成立，则可以获得正确的数学命题，正确的数学命题可以是公理、定理、公式、法则。可以看出，在整个数学命题形成的过程中，数学抽象无处不在，首先形成数学猜想需要抽象，猜想经历了由特殊到一般的过程，通过对个例的分析，抽象出个例群体的共同属性特征，形成猜想，例如哥德巴赫猜想、费马猜想等。在对猜想进行演绎证明的过程是从一般到特殊的过程，其模式为 $\exists y \in \{\forall x | P(x)\} \rightarrow P(y)$（在某个问题领域中任意 x 具有性质 P，y 是此领域

---

① 喻平.论数学命题的学习[J].数学教育学报，1999，8（4）：2-6，19.

中一个特殊个体，则 y 亦具有性质 P)[①]，演绎推理是收敛性的证明方式，只要大前提正确，推理的形式无误，得到的结论便是真实的，因此，大前提是基础，小前提是桥梁。最后，借助数学抽象对数学命题进行符号表达，从而使其形式简洁、内容精确、结构优美。因此，数学命题的提出渗透着数学抽象能力，数学抽象可以帮助学生提出、验证、理解数学命题。

（二）数学模型的提出

数学模型的提出是从现实世界抽象出数学问题，进入数学世界，再通过解决数学问题，最终回归现实世界的过程。通过利用数学的眼光发现问题，借助数学思维对问题进行分析，通过数学语言对问题进行表达，从现实世界抽象出数学模型，实现从现实世界到数学世界的过渡。[②]提出数学模型的过程就是数学化的过程，在这个过程中，需要对现实情境中的复杂信息进行分析，剥离出有用的信息，借助数学知识、数学符号构建模型。例如，函数模型，是指用函数知识对生活中普遍存在的简单的最值问题（利润最高、成本最低、效益最好、用料最省）进行归纳加工，建立适切的目标函数，从而从函数的角度解决实际问题。函数模型的构造有助于学生对函数本身的理解，加强学生发现问题、分析问题、解决问题的能力。从F. 克莱因呼吁重视数学的应用价值，到弗莱登塔尔推动现实数学教育，我国也逐渐意识到运用数学知识解决简单的现实问题能力的重要性，而对于高中函数在实际中的应用则集中体现在数学模型上，其中蕴含了函数模型

---

① 朱立明，马云鹏.基于新课标学生数学价值感悟研究[J].数学教育学报，2014，33（5）：33-35，55.

② 朱立明，胡洪强，马云鹏.数学核心素养的理解与生成路径——以高中数学课程为例[J].数学教育学报，2018，27（1）：42-46.

思想。[①]

三、形成数学方法与思想

（一）数学方法的形成

数学方法是从数学角度提出问题、解决问题（包括数学内部问题和实际问题）的过程中所采用的各种方式、手段、途径等。例如数形结合、分类讨论、转换、等量替换、特殊化、穷举等方法。数学方法从操作层面来看具有过程性与层次性的特点，数学方法的过程性是由于每一种数学方法都包含若干个环节，每一个环节之间又是彼此联系，因此在处理问题时需要一步一步地展开；数学方法的层次性是由数学特点决定的，数学思想中最本质的一个是抽象思想，包括从现实世界到数学世界的不同层次的抽象，例如，如果从"数量"中抽象出"数"的概念是抽象的第一个层次：直观描述，那么从"数"到"数学符号"就是抽象的第二个层次：符号表达。所以，对于数学思想方法，层次越低，包含的内容越少，过程越简单，操作性越强；而层次越高，包含的内容越多，过程越复杂，操作性越弱。

（二）数学思想的形成

数学思想是对数学知识的本质认识，是对数学规律的理性认识，是从某些具体的数学内容和对数学的认识过程中提炼上升的数学观点，它在认识活动中被反复运用，带有普遍的指导意义，是建立数学和用数学解决问题的指导思想。[②]史宁中给出成为数学思想的两个标准：其一，数学产生以

---

① 朱立明，韩继伟.高中"数与代数"领域的核心内容群：函数——基于核心内容群内涵、特征及其数学本质的解析[J].中小学教师培训，2015（7）：40-43.

② 钱佩玲.数学思想方法与中学数学（第二版）[M].北京：北京师范大学出版社，2008.

及数学发展过程中所必须依赖的基本思想；其二，人们在谈论数学时，总要谈及的独特素质。基于此标准得出数学发展所依赖、所依靠的思想在本质上有三个：抽象、推理、模型，其中抽象是最核心的，通过抽象，在现实生活中得到数学的概念和运算法则，通过推理得到数学的发展，然后通过模型建立数学与外部世界的联系。数学抽象在数学思想形成过程中起到凝练提升的作用，在对数学规律、知识等内容的认识基础上，抽象出数学的基本思想。

四、认识数学结构与体系
（一）数学结构的认识

从数学学科发展来看，布尔巴基学派提出"数学统一于结构"，并在集合论的基础上，用"数学结构"对数学进行分类，用公理化的方法抽象出三个数学结构，即代数结构、拓扑结构和序结构。[①]数学结构既包含数学基本观念（数学概念、数学命题、数学基本思想方法）及其观念之间的相互联系，还包括学生进行数学学习的态度与方法。[②]数学结构中既有数学知识结构，例如数学概念、命题等，学生在学习过程中构建的数学知识网络，又有数学认知结构，例如数学基本方法，学生通过学习将新的数学纳入已有认知结构之中，数学结构是对数学概念、数学命题、数学思想、数学方法等的再次抽象。可以看出，数学结构重视"统整"思想，观照数学内容之间的关系，因此，从整体的视角，重新认识数学概念、数学知识及其之间的逻辑关系，通过数学抽象，可以实现从低层次的数学结构认识到高层次数学结构认识的转化。

---

① 陈金萍.布尔巴基学派及其结构主义[J].中学数学研究，2004（4）:44-45.

② 陈琦，刘儒德.当代教育心理学[M].北京：北京师范大学出版社，2007.

（二）数学体系的认识

数学抽象可以帮助学生认识数学体系，数学体系包括整个高中阶段的数学知识、数学技能、数学思想、数学方法在内的数学结构系统，通过数学抽象，数学成为具有高度概括、表达精准、形式简练、结论普适、有序多级的数学体系。例如学生可以通过对数学概念、数学命题等内容的抽象，体会数学学科核心素养中的数学知识体系，强调其中蕴含的数学思想与通性通法，不应该仅关注"点"的分布，需要借助"线"贯穿，以"面"为支撑，形成"群"的凝聚，构建"数学核心知识群"，以解决知识的无限与学习时间有限的矛盾。正如希尔伯特所说："数学知识是一个不可分割的整体，是一个有机体，它的生命力取决于其各个部分之间的关系。"

第三节　数学抽象能力的测评框架

在数学抽象能力的基本意蕴与表现形式的基础之上，构建数学抽象能力的测评框架，由于重点考察数学抽象能力与《课程标准（2017 年版）》之间的一致性程度。因此，在数学抽象能力测评框架的构建上，主要以《课程标准（2017 年版）》中关于数学抽象素养能力之维的阐述为主要依据，再结合关于数学抽象能力测评结构、维度、水平的相关研究，借助专家咨询法，形成高中生数学抽象测评框架。

一、数学抽象能力测评框架的构建

关于数学抽象能力测评框架的构建，国内外已有相关研究，主要集中在以下三个方面：第一，聚焦数学抽象过程的测评研究。这类研究将重点放在学生数学抽象的过程，例如，HSD 基于数学抽象过程的视角，假设学生数学抽象经历对新结构的需求、新结构的产生与新结构的巩固三个阶段，构建了 RBC 评价模型，即识别（recognizing）、整合（building-with）、建构（constructing）。① 通过 RBC 评价模型，可以观测学生数学抽象的动态过程。Jee Yun Hong、Min Kyeong Kim 借鉴了巴蒂斯塔（Battista）、HSD 等人的理论，将数学抽象能力分成了识别、应用、构建三个水平，并对每个水平进行详细的指标描述。② 史宁中根据抽象的深度，将数学抽象划分为三个层次：第一层次是简约阶段；第二层次是符号阶段；第三层次是普适阶段。③ 第二，依赖数学课程标准的测评研究。这类研究主要从《课程标准（2017 年版）》中对数学素养的相关要求与水平出发，对高中生数学抽象能力进行测评。例如，唐秦采用定性与定量相结合的研究方法，以高一学生作为研究对象，从内容、结构和水平三个维度，对高中生数学抽象能力测评框架进行构建。其中，内容维度选取了函数、代数与几何、概率与统计和数学抽象能力相关的内容；结构维度涉及情境抽象和理论抽象两个

---

① Dreyfus, T., Hershkowitz, R., & Schwarz, B.The Construction of Abstract Knowledge in Interaction[C]//Proceedings of the 25th conference of the International Group for the Psychology of Mathematics Education. 2001(2):377-384.

② Hong J Y, Kim M K. Mathematical Abstraction in the Solving of Ill-Structured Problems by Elementary School Students in Korea[J]. Eurasia Journal of Mathematics Science & Technology Education, 2016(12): 267-281.

③ 史宁中.数学思想概论（第1辑）：数量与数量关系的抽象[M].长春：东北师范大学出版社，2015.

方面；水平维度涵盖了再现、联系、反思三个水平层次。[①] 邓杰在《课程标准（2017 年版）》原有三个水平基础上，添加零水平，构成四水平的分析框架，对高二年级学生数学抽象素养进行测评。[②] 第三，基于抽象构成要素的测评研究。这类研究主要是考察数学抽象的某个要素或者某个内容，构建数学抽象能力测评框架，例如，黄友初从知识的角度分析，可以将数学抽象素养分为知识理解、知识迁移和知识创新三个水平。[③]

《课程标准（2017 年版）》指出，数学学科核心素养是具有数学基本特征的数学思维品质、关键能力以及情感、态度、价值观的综合体现，凝练了数学抽象素养，将其界定为通过对数量关系与空间图形的抽象得到数学研究对象的素养，并从情境与问题、知识与技能、思维与表达、交流与反思四个方面将其划分为三个水平。以此可以得到以下观点，第一，数学抽象素养中蕴含了数学抽象能力，数学抽象能力主要是对数量关系与空间图形两个领域的抽象。关于数学抽象能力的测评可以在课堂教学活动中，例如对学生情感、态度与价值观的培养，这种隐性的目标难以在测试评价中实现。第二，在测验评价中，数学抽象能力具有不同的水平，可以对不通过的进行描述，并凝练其特征，进而与《课程标准（2017 年版）》的相关要求对比，得到两者之间的一致性程度。第三，数学抽象能力描述离不开数与形，数学是研究现实世界的空间形式与数量关系的科学，数量关系与空间图形是数学学科研究的两大重要领域，也是数学抽象能力的两个方面。

① 唐秦.高中生数学抽象能力的评价研究[D]：[硕士学位论文].苏州：苏州大学，2017.

② 邓杰.高二学生数学抽象素养现状的测评研究[D]：[硕士学位论文].武汉：华中师范大学，2018.

③ 黄友初.从PME视角看数学抽象素养及其培养[J].教育研究与评价（中学教育教学），2017（2）：13-18.

在测评中，同样重点观测高中生对"数"与"形"的抽象，因此，高中生数学抽象能力的横向维度可以包含数量关系与空间图形两个内容。

结合以上分析，从《课程标准（2017 年版）》出发，结合数学抽象能力的表现形式，根据水平描述，选取概念规则、数学命题、思想方法三个表现形式，将数学抽象能力划分成数量关系与空间图形两个横向维度、三个纵向水平，这三个水平选自《课程标准（2017 年版）》中对于数学抽象素养的关键能力之维的划分，通过专家咨询，最终形成数学抽象能力测评框架，具体如图 3-1 所示。

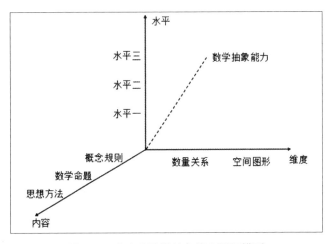

图 3-1 高中生数学抽象能力测评模型

从图 3-1 可以看出，本研究中，对于高中生数学抽象能力测评主要考虑三个方面，测评的横向维度，主要选择数量关系（数量与数量关系的抽象）与空间图形（图形与图形关系的抽象）两个维度；测评的主题内容，鉴于学生在测试中能够反映出来的表现形式以及水平的相关阐述，选取概念规则、数学命题、思想方法作为测评内容；测评的纵向水平以《课程标

准（2017 年版）》中关于数学抽象素养的水平描述为基础，选取能力层面
的相关描述作为纵向水平的具体观测指标，具体如表 3-1 所示。

表 3-1　高中生数学抽象能力测评框架指标描述

表现形式	纵向水平	横向维度	
		数量关系	空间图形
概念规则	水平一	能够在熟悉的情境中直接抽象出数学概念和规则，并解释数学概念和规则的含义，结合实际情境解释相关抽象概念	
	水平二	能够在关联的情境中抽象出一般的数学概念与规则，用恰当的例子解释抽象的数学概念与规则，能够使用一般的概念解释具体现象，理解用数学语言表达的概念与规则	
	水平三	能够通过数学对象、运算或关系理解数学的抽象结构，把握研究对象的数学特征并用数学语言予以表达，能够利用数学原理解释自然现象和社会现象	
数学命题	水平一	能够在特例的基础上归纳并形成简单的数学命题，了解数学命题的条件与结论，了解用数学语言表达的推理和论证	
	水平二	能够将已知的数学命题推广到更一般的情形，理解数学命题的条件与结论，能够理解用数学语言表达的推理和论证	
	水平三	能够在得到的数学结论基础上形成新的数学命题，能够理解数学结论的一般性	
思想方法	水平一	能够在熟悉的情境中抽象出数学问题，模仿学过的数学方法解决简单问题，在解决相似问题过程中，感悟数学的通性通法，体会其中的数学思想	
	水平二	能在新的情境中选择和运用数学方法解决问题，能够提炼出解决一类问题的数学方法，理解其中的数学思想	
	水平三	能够在综合情境中抽象出数学问题，并用恰当的数学语言予以表达，对具体的问题运用或创造数学方法解决问题，能够感悟数学通性通法的原理和其中蕴含的数学思想	

二、数学抽象能力纵向水平测评指标的阐释

为了描述高中生数学抽象能力与课程标准之间，以《课程标准（2017年版）》为基础，结合已有相关研究，通过专家咨询的方式，构建本研究的高中生数学关键能力测评框架，以此作为测试题目编制与分析的基础。下面对其中纵向水平的指标进行简要分析。

（一）概念规则内容的三个水平分析

关于概念与规则是高中数学中非常重要、非常基础的内容，在这个内容上三个水平的描述均涉及"情境"，例如，水平一中的"熟悉的情境"、水平二中的"关联的情境"、水平三中的"自然与社会现象"，这三种情境是由简单到复杂转变，也体现出数学抽象所需要的"场域"，同时表明《课程标准（2017年版）》中的数学抽象已经不再是"去情境化"的抽象，抽象开始从数学抽象本身向学生数学抽象能力转变。对于数学概念与规则的解释也是逐渐加深的，例如水平一中包含"解释含义、解释抽象概念"，水平二中包括"举例解释、用一般概念解释具体现象"，水平三中蕴含了"解释自然与社会现象"，虽然同样是对概念与规则的理解与解释，层次逐渐加深，从特殊到一般，从感性到理性的转变。需要注意的是，在水平二与水平三中同时出现了表达，运用数学语言对数学概念与规则的表达，这又是抽象的进一步发展。总的来说，在概念规则内容上，三个水平主要体现在"情境—释义—表达"三个方面。

（二）数学命题内容的三个水平分析

从范围来看，数学命题的范畴要比概念规则要大，数学命题在一定程度上包含着概念与规则，这里的数学命题与逻辑推理也有区别，逻辑推理是从一些事实与命题出发，依据一定的规则推出其他命题的能力，从这里可以看出，数学命题只是作为数学抽象与逻辑推理的操作对象。两者不同之处在于，数学抽象更侧重命题的形成过程，而逻辑推理更侧重命题的获得结果。在数学命题内容上的数学抽象水平命题形成的方式，例如水平一中要求学生"借助特例形成简单的数学命题"，水平二中要求学生"将命题推广到一般形式"，水平三中要求学生"能在原有结论基础上形成新的命题"，这是从特殊到一般，再到创新的层次转变，在条件与结论的关系、命题的语言表达上也是从"了解"到"理解"的转变，尤其是水平三中"对结论一般性"的理解，对于学生而言，还是比较困难的。

（三）思想方法内容的三个水平分析

　思想方法内容更侧重于数学问题的解决，在解决问题的过程中，获得方法迁移与思想的提升。因此，与概念规则相同，在问题解决中也涉及情境，是对某一情境下的问题进行解决，例如，水平一中提出"熟悉的情境"，水平二中指出"新的情境"，水平三中强调"综合的情境"，在水平三中特别强调，能够用数学语言对问题进行表达。在问题方法上也有所不同，水平一中要求学生"通过模仿，解决相似的问题"，水平二中要求学生"提炼出解决某一类问题的方法"，水平三中要求学生"创造方法解决问题"。可以看出，三个水平的变化是从模仿到提炼，再到创造的过程。三个水平都提到在解决问题的过程中，对数学思想的要求，分别是"体会""理解"和"感悟"。除此之外，三个水平都提到对于"通性通法"的要求，水平二中提炼解决一类问题也是通性通法的表现。

第四章　高中生数学抽象能力的现状调查

　　基于高中生数学抽象能力测评框架的构建，本章内容将对学校之间、年级之间、性别之间、城乡之间的学生在数学抽象能力整体状况、横向维度（数量关系与空间图形）与纵向水平（水平一、水平二、水平三）上进行差异比较，通过对高中生数学抽象能力的测试结果进行数据分析，进而了解高中生数学抽象能力的发展现状。

第一节　不同学校学生数学抽象能力的数据分析

　　在本节中，将对不同类型学校学生数学抽象能力的整体状况、横向维度、纵向水平、数量关系维度与空间图形维度在各水平进行描述分析与方差分析，以此来刻画不同类型学校学生数学抽象能力的现状。

一、不同类型学校学生数学抽象能力整体状况的数据分析
（一）不同类型学校学生数学抽象能力整体状况的描述分析

　　从图 4-1 中可以看出，整体来看，三种类型学校高中生数学抽象能力

的平均分呈现优质学校学生得分最高，薄弱学校学生得分最低，中等学校学生得分居中的状态，其中，薄弱学校学生数学抽象能力测评的平均成绩是 55.76 分，[①] 得分率为 61.96%，薄弱学校学生平均分高于 54 分，得分率超过 60%，达到合格标准；中等学校学生数学抽象能力测评的平均成绩是 58.06 分，得分率为 64.51%，薄弱学校学生平均分高于 54 分，得分率超过 60%，达到合格标准；优质学校学生数学抽象能力测评的平均成绩是 58.24 分，得分率为 64.71%，薄弱学校学生平均分高于 54 分，得分率超过 60%，达到合格标准。三种类型学校学生的总平均分为 57.36 分，平均得分率为 63.73%，得分率超过 60%，达到合格标准。三种类型学校的学生平均成绩均高于 54 分（总分的 60%），都达到合格标准。

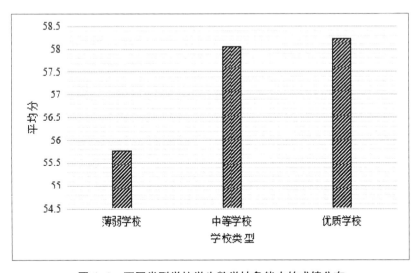

图 4-1　不同类型学校学生数学抽象能力的成绩分布

---

① 每个年级学生测评试卷的总分为90分。

（二）不同类型学校学生数学抽象能力整体状况的方差分析

为描述不同类型学校学生数学抽象能力的差异性，对数据进行方差分析，从表 4-1 中可以看出，对于高中生数学抽象能力而言，三种类型学校的方差检验的 F 值为 9.927（$p=0.000<0.05$），达到显著水平，表示不同类型学校的学生在数学抽象能力间存在显著差异。

表 4-1　不同类型学校学生数学抽象能力总体的方差分析

差异来源	平方和	df	均方	F 值	显著性
组间	2747.407	2	1373.704	9.927**	0.000
组内	298904.424	2160	138.382		
总数	301651.832	2162			

注：* 表示 $p<0.05$；** 表示 $p<0.01$。

通过方差分析，表明不同类型学校对高中生数学抽象能力具有显著影响，为进一步说明两种类型学校之间的具体差异，采用最小显著差异法（Least Significant Difference，简称 LSD 法）进行多重比较。结果如表 4-2 所示，根据多重比较（LSD）结果可知，优质学校与薄弱学校之间存在显著差异（$p=0.000<0.05$），两者之间的均值差为 2.484，这表明优质学校学生数学抽象能力显著高于薄弱学校；而优质学校与中等学校之间不存在显著差异（$p=0.766>0.05$）；中等学校与薄弱学校之间存在显著差异（$p=0.000<0.05$），两者之间的均值差为 2.300，这表明中等学校学生数学抽象能力显著高于薄弱学校。

表 4-2　不同类型学校学生数学抽象能力总体的多重比较（LSD）

检验变量	学校（I）	学校（J）	均值差（I－J）	显著性
数学抽象能力	优质	中等	0.184	0.766
		薄弱	2.484**	0.000
	中等	优质	−0.184	0.766
		薄弱	2.300**	0.000
	薄弱	优质	−2.484**	0.000
		中等	−2.300**	0.000

注：* 表示 $p<0.05$；** 表示 $p<0.01$。

二、不同类型学校学生数学抽象能力横向维度的数据分析

（一）不同类型学校学生数学抽象能力横向维度的描述分析

从图 4-2 可以看出，三种类型学校学生在数量关系维度的成绩均高于空间图形维度的成绩，在数量关系维度上，三种类型学校学生的平均分呈"山"字形，中等学校学生得分最高，优质学校学生次之，薄弱学校学生最低；在空间图形维度上，三种类型学校学生的平均分依次增高，优质学校学生得分最高，中等学校学生次之，薄弱学校学生最低，薄弱学校学生在两个维度中的平均分都是最低的。由此可知，三种类型学校中，中等学校学生更擅长数量关系的抽象，而优质学校的学生更擅长空间图形的抽象。具体来说，在数量关系维度上，薄弱学校学生平均分为 29.19 分（总分为 45 分，合格分数为 27 分），得分率为 64.87%，中等学校学生的平均分为 30.80 分，得分率为 68.44%，优质学校学生平均分为 29.72 分，得分率为 66.04%，三种类型学校学生在数量关系维度上的总平均分为 29.91 分，平均得分率为 66.47%，三种类型学校学生平均分都超过 27 分，得分率均

超过 60%，达到合格标准。在空间图形维度上，薄弱学校学生的平均分为 26.57 分，得分率为 59.04%，中等学校学生的平均分为 27.26 分，得分率为 60.58%，优质学校学生的平均分 28.53 分，得分率为 63.40%，三种类型学校学生在数量关系维度上的总平均分为 27.45 分，平均得分率为 61.01%，薄弱学校学生平均分低于 27 分，得分率未超过 60%，未达到合格标准，中等学校与优质学校学生平均分都超过 27 分，得分率均超过 60%，达到合格标准。此外，两个维度上三种类型学校学生的总体平均分都超过 27 分，得分率均超过 60%，达到合格标准。

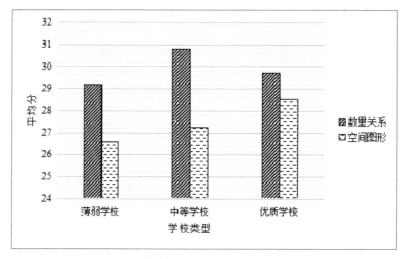

图 4-2　不同类型学校学生数学抽象能力横向维度的成绩分布

（二）不同类型学校学生数学抽象能力横向维度的方差分析

为描述不同类型学校学生数学抽象能力横向维度的差异性，对数据进行方差分析，从表 4-3 中可以看出，对于高中生数学抽象能力数量关系维度而言，不同类型学校方差检验的 F 值为 10.613（$p=0.000<0.05$），达到显

著水平，表示不同类型学校学生在数学抽象能力数量关系维度存在显著差异；对于高中生数学抽象能力图形关系维度而言，不同类型学校方差检验的 F 值为 13.102（p=0.000<0.05），达到显著水平，表示不同类型学校学生在数学抽象能力空间图形维度存在显著差异。综上所述，不同类型学校学生在数量关系与空间图形间均存在显著差异。

表 4-3　不同类型学校学生数学抽象能力横向维度的方差分析

检验变量	差异来源	平方和	df	均方	F 值	显著性
数量关系	组间	977.039	2	488.520	10.613**	0.000
	组内	99422.836	2160	46.029		
	总数	100399.875	2162			
空间图形	组间	1412.090	2	706.045	13.102**	0.000
	组内	116396.083	2160	53.887		
	总数	117808.173	2162			

注：* 表示 p<0.05；** 表示 p<0.01。

为进一步说明两种类型学校之间在各维度上的具体差异，采用 LSD 法进行多重比较。结果如表 4-4 所示，可以看出，对数量关系维度而言，优质学校与中等学校之间存在显著差异（p=0.002<0.05），两者之间的均值差为 1.084，这表明优质学校学生数学抽象能力在数量关系维度显著高于中等学校；优质学校与薄弱学校之间存在显著差异（p=0.000<0.05），两者之间均值差为 1.613，这表明优质学校学生数学抽象能力显著高于薄弱学校；中等学校与薄弱学校之间不存在显著差异（p=0.140>0.05）。对空间图形维度而言，优质学校与薄弱学校之间存在显著差异（p=0.001<0.05），两者之间

的均值差为 1.267，这表明优质学校学生数学抽象能力在空间图形维度显著高于中等学校；优质学校与薄弱学校之间存在显著差异（$p=0.000<0.05$），两者之间的均值差为 1.954，这表明优质学校学生数学抽象能力在数量关系维度显著高于薄弱学校；中等学校与薄弱学校之间不存在显著差异（$p=0.076>0.05$）。综上所述，在数量关系与空间图形维度上，优质学校学生数学抽象能力显著高于中等学校、薄弱学校，而中等学校与薄弱学校之间不存在显著差异。

表 4-4　不同类型学校学生数学抽象能力横向维度的多重比较（LSD）

检验变量	学校（I）	学校（J）	均值差（I－J）	显著性
数量关系	优质	中等	1.084**	0.002
		薄弱	1.613**	0.000
	中等	优质	−1.084**	0.002
		薄弱	0.529	0.140
	薄弱	优质	−1.613**	0.000
		中等	−0.529	0.140
空间图形	优质	中等	1.267**	0.001
		薄弱	1.954**	0.000
	中等	优质	−1.267**	0.001
		薄弱	0.687	0.076
	薄弱	优质	−1.954**	0.000
		中等	−0.687	0.076

注：* 表示 $p<0.05$；** 表示 $p<0.01$。

三、不同类型学校学生数学抽象能力纵向水平的数据分析

（一）不同类型学校学生数学抽象能力纵向水平的描述分析

从图 4-3 可以看出，三种类型学校学生数学抽象能力的成绩随着其水平的升高依次降低，水平越高，得分越低，符合学生学习规律。在水平一上，三种类型学校学生的平均分呈"山"字形，中等学校学生得分最高，优质学校学生次之，薄弱学校学生最低；在水平二与水平三上，优质学校学生得分最高，中等学校学生次之，薄弱学校学生最低，在三个水平之中，薄弱学校学生平均分与其他两种类型学校相比均是最低。具体来讲，在水平一上，薄弱学校学生的平均分为 19.47 分，得分率为 64.90%，中等学校学生的平均分为 22.49 分，得分率为 74.97%，优质学校学生的平均分为 20.07 分，得分率为 66.90%，三种类型学校学生在水平一上的总平均分为 20.67 分，平均得分率为 68.92%，三种类型学校学生平均分都超过 18 分，得分率均超过 60%，达到合格标准；在水平二上，薄弱学校学生的平均分为 18.95 分，得分率为 63.17%，中等学校学生的平均分为 18.99 分，得分率为 63.30%，优质学校学生的平均分为 19.82 分，得分率为 66.07%，三种类型学校学生在水平二上的总平均分为 19.25 分，平均得分率为 64.14%，三种类型学校学生平均分都超过 18 分，得分率均超过 60%，达到合格标准；在水平三上，薄弱学校学生的平均分为 16.62 分，得分率为 55.40%，中等学校学生的平均分为 17.30 分，得分率为 57.67%，优质学校学生的平均分为 18.36 分，得分率为 61.20%，三种类型学校学生在水平三上的总平均分为 17.43 分，平均得分率为 58.09%，薄弱学校、中等学校学生平均分低于 18 分，得分率均不足 60%，未达到合格标准，而优质学校学生平均分超过 18 分，得分率超过 60%，达到合格标准。此外，三种类型学校学生的总体平均分在水平一与水平二上都超过 18 分，得分率均超过 60%，达到合格标准，在水平三上低于 18 分，得分率均

不足 60%，未达到合格标准。

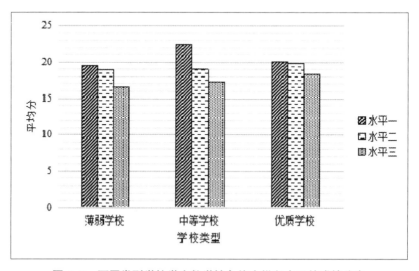

图 4-3　不同类型学校学生数学抽象能力纵向水平的成绩分布

（二）不同类型学校学生数学抽象能力纵向水平的方差分析

为描述不同类型学校学生数学抽象能力纵向水平的差异性，对数据进行方差分析，从表 4-5 中可以看出，对于高中生数学抽象能力水平一而言，方差检验的 F 值为 55.466（p=0.000<0.05），达到显著水平，表示不同类型学校的学生在数学抽象能力水平一上存在显著差异；对于高中生数学抽象能力水平二而言，方差检验的 F 值为 7.766（p=0.000<0.05），达到显著水平，表示不同类型学校的学生在数学抽象能力水平二上存在显著差异；对于高中生数学抽象能力水平三而言，方差检验的 F 值为 20.173（p=0.000<0.05），达到显著水平，表示不同类型的学生在数学抽象能力水平三上存在显著差异。综上所述，不同类型学校的学生在数学抽象能力的三个水平上均存在显著差异。

表 4–5 不同类型学校学生数学抽象能力纵向水平的方差分析

检验变量	差异来源	平方和	df	均方	F 值	显著性
水平一	组间	3713.601	2	1856.800	55.466**	0.000
	组内	72309.130	2160	33.476		
	总数	76022.730	2162			
水平二	组间	347.010	2	173.505	7.766**	0.000
	组内	48257.164	2160	22.341		
	总数	48604.175	2162			
水平三	组间	1108.575	2	554.288	20.173**	0.000
	组内	59349.204	2160	27.476		
	总数	60457.779	2162			

注：* 表示 $p<0.05$ ；** 表示 $p<0.01$。

为进一步说明两个类型学校之间在各水平上的具体差异，采用 LSD 法进行多重比较。结果如表 4-6 所示，可以看出，对于水平一而言，优质学校与中等学校之间存在显著差异（$p=0.000<0.05$），两者之间的均值差为 −2.424，这表明中等学校学生数学抽象能力在水平一上显著高于优质学校；优质学校与薄弱学校之间存在显著差异（$p=0.049<0.05$），两者之间的均值差为 0.603，这表明优质学校学生数学抽象能力在水平一上显著高于薄弱学校；中等学校与薄弱学校之间存在显著差异（$p=0.000<0.05$），两者之间的均值差为 3.027，这表明中等学校学生数学抽象能力在水平一上显著高于薄弱学校。对于水平二而言，优质学校与中等学校之间存在显著差异（$p=0.000<0.05$），两者之间的均值差为 0.871，这表明优质学校学生数学抽象能力在水平二上显著高于中等学校；优质学校与薄弱学校之间存在显著差异

（p=0.001<0.05），两者之间的均值差为 0.827，这表明优质学校学生数学抽象能力在水平二上显著高于薄弱学校；中等学校与薄弱学校之间不存在显著差异（p=0.860>0.05）。对于水平三而言，优质学校与中等学校之间存在显著差异（p=0.000<0.05），两者之间的均值差为 1.737，这表明中等学校学生数学抽象能力在水平三上显著高于优质学校；优质学校与薄弱学校之间存在显著差异（p=0.000<0.05），两者之间的均值差为 1.054，这表明优质学校学生数学抽象能力在水平三上显著高于薄弱学校；中等学校与薄弱学校之间存在显著差异（p=0.013<0.05），两者之间的均值差为 0.683，这表明中等学校学生数学抽象能力在水平三上显著高于薄弱学校。综上所述，在水平一上，优质学校、中等学校学生数学抽象能力显著高于薄弱学校，而中等学校学生数学抽象能力显著高于优质学校；在水平二上，优质学校学生数学抽象能力显著高于中等学校、薄弱学校，而中等学校与薄弱学校学生之间不存在显著差异；在水平三上，优质学校学生数学抽象能力显著高于中等学校、薄弱学校，中等学校学生数学抽象能力显著高于薄弱学校。

表 4-6　不同类型学校学生数学抽象能力纵向水平的多重比较（LSD）

检验变量	学校（I）	学校（J）	均值差（I－J）	显著性
水平一	优质	中等	−2.424**	0.000
		薄弱	0.603*	0.049
	中等	优质	2.424**	0.000
		薄弱	3.027**	0.000
	薄弱	优质	−0.603*	0.049
		中等	−3.027**	0.000

续表

检验变量	学校（I）	学校（J）	均值差（I－J）	显著性
水平二	优质	中等	0.871**	0.000
		薄弱	0.827**	0.001
	中等	优质	−0.871**	0.000
		薄弱	0.044	0.860
	薄弱	优质	−0.827**	0.001
		中等	−0.044	0.860
水平三	优质	中等	1.737**	0.000
		薄弱	1.054**	0.000
	中等	优质	−1.737**	0.000
		薄弱	0.683*	0.013
	薄弱	优质	−1.054**	0.000
		中等	−0.683*	0.013

注：* 表示 $p<0.05$ ；** 表示 $p<0.01$ 。

四、不同学校学生数学抽象能力数量关系维度各水平的数据分析

（一）不同类型学校学生数学抽象能力数量关系维度各水平的描述分析

从图 4-4 可以看出，受学生在整体纵向水平表现的影响，在数量关系维度，三种类型学校学生数学抽象能力的成绩随着其水平的升高依次降低，水平越高，得分越低，符合学生学习规律。与整体纵向水平不同的是，在水平一与水平二上，三种类型学校学生的平均分呈"山"字形，中等学校学生得分最高，优质学校学生次之，薄弱学校学生最低；在水平三上，优质学校学生得分最高，中等学校学生次之，薄弱学校学生最低，在三个水平之中，薄弱学校学生平均分与其他两种类型学校相比均是最低。具体来讲，在水平一上，

薄弱学校学生的平均分为 10.04 分，得分率为 66.93%，中等学校学生的平均分为 11.94 分，得分率为 79.60%，优质学校学生的平均分为 10.20 分，得分率为 68.00%，三种类型学校学生在水平一上的总平均分为 10.73 分，平均得分率为 71.51%，三种类型学校学生平均分都超过 9 分，得分率均超过 60%，达到合格标准；在水平二上，薄弱学校学生的平均分为 9.77 分，得分率为 65.13%，中等学校学生的平均分为 10.26 分，得分率为 68.40%，优质学校学生的平均分为 9.98 分，得分率为 66.53%，三种类型学校学生在水平二上的总平均分为 10.00 分，平均得分率为 66.69%，三种类型学校学生平均分都超过 9 分，得分率均超过 60%，达到合格标准；在水平三上，薄弱学校学生的平均分为 8.60 分，得分率为 57.33%，中等学校学生的平均分为 9.16 分，得分率为 61.07%，优质学校学生的平均分为 9.74 分，得分率为 64.93%，三种类型学校学生在水平三上的总平均分为 9.16 分，平均得分率为 61.11%，薄弱学校学生平均分低于 9 分，得分率均不足 60%，未达到合格标准，而优质学校、中等学校学生平均分超过 9 分，得分率超过 60%，达到合格标准。此外，三种类型学校学生的总体平均分在三个水平上均超过 9 分，得分率均超过 60%，达到合格标准。

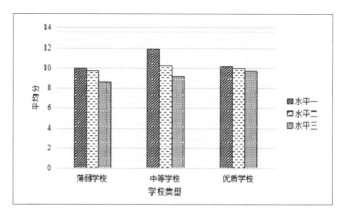

图 4-4　不同类型学生数学抽象能力数量关系维度各水平的成绩分布

（二）不同类型学校学生数学抽象能力数量关系维度各水平的方差分析

为描述不同类型学校学生数学抽象能力在数量关系维度上各水平的差异性，对数据进行方差分析，从表4-7中可以看出，在数量关系维度，对于高中生数学抽象能力水平一而言，方差检验的F值为65.273（$p=0.000<0.05$），达到显著水平，表示不同类型学校学生在数学抽象能力水平一上存在显著差异；对于高中生数学抽象能力水平二而言，方差检验的F值为4.034（$p=0.018<0.05$），达到显著水平，表示不同类型学校学生在数学抽象能力水平二上存在显著差异；对于高中生数学抽象能力水平三而言，方差检验的F值为21.058（$p=0.000<0.05$），达到显著水平，表示不同类型学校学生在数学抽象能力水平三上存在显著差异。综上所述，在数量关系维度上，不同类型学校学生在数学抽象能力的三个水平上均存在显著差异。

表 4-7 不同类型学校学生数学抽象能力数量关系维度各水平的方差分析

检验变量	差异来源	平方和	df	均方	F 值	显著性
水平一	组间	1609.558	2	804.779	65.273**	0.000
	组内	26631.522	2160	12.329		
	总数	28241.080	2162			
水平二	组间	86.023	2	43.012	4.034*	0.018
	组内	23030.843	2160	10.662		
	总数	23116.866	2162			
水平三	组间	473.377	2	236.688	21.058**	0.000
	组内	24278.039	2160	11.240		
	总数	24751.416	2162			

注：* 表示 $p<0.05$；** 表示 $p<0.01$。

为进一步说明两个类型学校之间在数量关系维度上各水平的具体差异，采用 LSD 法进行多重比较。结果如表 4-8 所示，可以看出，对于水平一而言，优质学校与中等学校之间存在显著差异（$p=0.000<0.05$），两者之间的均值差为 -1.741，这表明中等学校学生数学抽象能力在水平一上显著高于优质学校；优质学校与薄弱学校之间不存在显著差异（$p=0.391>0.05$）；中等学校与薄弱学校之间存在显著差异（$p=0.000<0.05$），两者之间的均值差为 1.900，这表明中等学校学生数学抽象能力在水平一上显著高于薄弱学校。对于水平二而言，优质学校与中等学校之间不存在显著差异（$p=0.225>0.05$）；优质学校与薄弱学校之间存在显著差异（$p=0.005<0.05$），两者之间的均值差为 0.486，这表明优质学校学生数学抽象能力在水平二上显著高于薄弱学校；中等学校与薄弱学校之间不存在显著差异（$p=0.108>0.05$）。对于水平三而言，优质学校与中等学校之间存在显著差异（$p=0.000<0.05$），两者之间的均值差为 1.143，这表明中等学校学生数学抽象能力在水平三上显著高于优质学校；优质学校与薄弱学校之间存在显著差异（$p=0.001<0.05$），两者之间的均值差为 0.580，这表明优质学校学生数学抽象能力在水平三上显著高于薄弱学校；中等学校与薄弱学校之间存在显著差异（$p=0.001<0.05$），两者之间的均值差为 0.564，这表明中等学校学生数学抽象能力在水平三上显著高于薄弱学校。综上所述，对于学生数学抽象能力数量关系维度而言，在水平一上，中等学校学生数学抽象能力显著高于优质学校、薄弱学校，而优质学校与薄弱学校之间不存在显著差异；在水平二上，优质学校学生数学抽象能力显著高于薄弱学校，而优质学校与中等学校、中等学校与薄弱学校学生之间不存在显著差异；在水平三上，优质学校学生数学抽象能力显著高于中等学校、薄弱学校，中等学校学生数学抽象能力显著高于薄弱学校。

表4-8　不同类型学校学生数学抽象能力数量关系维度各水平的多重比较（LSD）

检验变量	学校（I）	学校（J）	均值差（I－J）	显著性
水平一	优质	中等	−1.741**	0.000
		薄弱	0.159	0.391
	中等	优质	1.741**	0.000
		薄弱	1.900**	0.000
	薄弱	优质	−0.159	0.391
		中等	−1.900**	0.000
水平二	优质	中等	0.209	0.225
		薄弱	0.486**	0.005
	中等	优质	−0.209	0.225
		薄弱	0.276	0.108
	薄弱	优质	−0.486**	0.005
		中等	−0.276	0.108
水平三	优质	中等	1.143**	0.000
		薄弱	0.580**	0.001
	中等	优质	−1.143**	0.000
		薄弱	0.564**	0.001
	薄弱	优质	−.580**	0.001
		中等	−0.564*	0.001

注：* 表示 $p<0.05$；** 表示 $p<0.01$。

五、不同学校学生数学抽象能力空间图形维度各水平的数据分析

（一）不同类型学校学生数学抽象能力空间图形维度各水平的描述分析

从图4-5可以看出，受学生在整体纵向水平表现的影响，在空间图形维度，三种类型学校学生数学抽象能力的成绩随着其水平的升高依次降低，水平越高，得分越低，符合学生学习规律。与数量关系维度相同，在水平一上，三种类型学校学生的平均分呈"山"字形，中等学校学生得分最高，优质学校学生次之，薄弱学校学生最低；在水平二与水平三上，优质学校学生得分最高，中等学校学生次之，薄弱学校学生最低，在三个水平之中，薄弱学校学生的平均分与其他两种类型学校相比均是最低。具体来讲，在水平一上，薄弱学校学生的平均分为 9.42 分，得分率为62.80%，中等学校学生的平均分为 10.55 分，得分率为 70.33%，优质学校学生的平均分为 9.87 分，得分率为 65.80%，三种类型学校学生在水平一上的总平均分为 9.95 分，平均得分率为 66.31%，三种类型学校学生平均分都超过 9 分，得分率均超过 60%，达到合格标准；在水平二上，薄弱学校学生的平均分为 8.68 分，得分率为 57.86%，中等学校学生的平均分为10.04 分，得分率为 66.93%，优质学校学生的平均分为 9.01 分，得分率为 60.07%，三种类型学校学生在水平二上的总平均分为 9.24 分，平均得分率为 61.62%，除薄弱学校外，优质学校与中等学校学生平均分都超过 9分，得分率均超过 60%，达到合格标准；在水平三上，薄弱学校学生的平均分为 8.02 分，得分率为 53.47%，中等学校学生的平均分为 8.14 分，得分率为 54.27%，优质学校学生的平均分为 8.61 分，得分率为 57.40%，三种类型学校学生在水平三上的总平均分为 8.26 分，平均得分率为 55.04%，三种类型学校学生平均分低于 9 分，得分率均不足 60%，未达到合格标准。此外，三种类型学校学生的总体平均分在水平一与水平二上都超过 9分，得分率均超过 60%，达到合格标准，在水平三上低于 9 分，得分率均不足 60%，未达到合格标准。

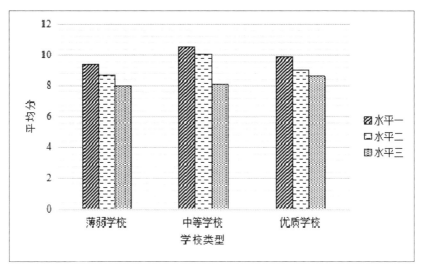

图 4-5　不同类型学生数学抽象能力空间图形维度各水平的成绩分布

（二）不同类型学校学生数学抽象能力空间图形维度各水平的方差分析

为描述不同类型学校学生数学抽象能力在空间图形维度上各水平的差异性，对数据进行方差分析，从表 4-9 中可以看出，在空间图形维度，对于高中生数学抽象能力水平一而言，方差检验的 F 值为 16.860（$p=0.00<0.05$），达到显著水平，表示不同类型学校学生在数学抽象能力水平一上存在显著差异；对于高中生数学抽象能力水平二而言，方差检验的 F 值为 30.522（$p=0.000<0.05$），达到显著水平，表示不同类型学校学生在数学抽象能力水平二上存在显著差异；对于高中生数学抽象能力水平三而言，方差检验的 F 值为 5.818（$p=0.003<0.05$），达到显著水平，表示不同类型学校学生在数学抽象能力水平三上存在显著差异。综上所述，在空间图形维度上，不同类型学校学生在数学抽象能力的三个水平上均存在显著差异。

表 4-9 不同类型学校学生数学抽象能力空间图形维度各水平的方差分析

检验变量	差异来源	平方和	df	均方	F 值	显著性
水平一	组间	464.841	2	232.421	16.860**	0.000
	组内	29775.628	2160	13.785		
	总数	30240.469	2162			
水平二	组间	726.398	2	363.199	30.522**	0.000
	组内	25703.226	2160	11.900		
	总数	26429.624	2162			
水平三	组间	142.550	2	71.275	5.818**	0.003
	组内	26460.579	2160	12.250		
	总数	26603.129	2162			

注：* 表示 $p<0.05$；** 表示 $p<0.01$。

为进一步说明两个类型学校之间在空间图形维度上各水平的具体差异，采用 LSD 法进行多重比较。结果如表 4-10 所示，可以看出，对于水平一而言，优质学校与中等学校之间不存在显著差异（$p=0.268>0.05$）；优质学校与薄弱学校之间不存在显著差异（$p=0.440>0.05$）；中等学校与薄弱学校之间不存在显著差异（$p=0.743>0.05$）。对于水平二而言，优质学校与中等学校之间存在显著差异（$p=0.000<0.05$），两者之间的均值差为 1.331，这表明优质学校学生数学抽象能力显著高于中等学校；优质学校与薄弱学校之间存在显著差异（$p=0.000<0.05$），两者之间的均值差为 1.451，这表明优质学校学生数学抽象能力在水平二上显著高于薄弱学校；中等学校与薄弱学校之间不存在显著差异（$p=0.508>0.05$）。对于水平三而言，优质学校与中等学校之间不存在显著差异（$p=0.071>0.05$）；优质学校与薄弱学校之间存在显著差异（$p=0.031<0.05$），两者之间的均值差为 0.400，这表明优质学校学生数学抽象

能力在水平三上显著高于薄弱学校；中等学校与薄弱学校之间存在显著差异（ $p=0.713>0.05$ ）。综上所述，对于学生数学抽象能力空间图形维度而言，在水平一上，优质学校、中等学校、薄弱学校两两之间均不存在显著差异；在水平二上，优质学校学生数学抽象能力显著高于中等学校、薄弱学校，而中等学校与薄弱学校之间不存在显著差异；在水平三上，优质学校学生数学抽象能力显著高于薄弱学校，优质学校与中等学校、中等学校与薄弱学校之间不存在显著差异。

表 4-10　不同类型学校学生数学抽象能力空间图形维度各水平的多重比较（LSD）

检验变量	学校（I）	学校（J）	均值差（I－J）	显著性
水平一	优质	中等	−0.217	0.268
		薄弱	−0.153	0.440
	中等	优质	0.217	0.268
		薄弱	0.064	0.743
	薄弱	优质	0.153	0.440
		中等	−0.064	0.743
水平二	优质	中等	1.331**	0.000
		薄弱	1.451**	0.000
	中等	优质	−1.331**	0.000
		薄弱	0.120	0.508
	薄弱	优质	−1.451**	0.000
		中等	−0.120	0.508

续表

检验变量	学校（I）	学校（J）	均值差（I－J）	显著性
水平三	优质	中等	0.332	0.071
		薄弱	0.400*	0.031
	中等	优质	－0.332	0.071
		薄弱	0.068	0.713
	薄弱	优质	－0.400*	0.031
		中等	－0.068	0.713

注：* 表示 $p<0.05$；** 表示 $p<0.01$。

（三）研究结果小结

其一，学生数学抽象能力平均分呈现优质学校学生得分最高，薄弱学校学生得分最低，中等学校学生得分居中的分布，薄弱学校、中等学校、优质学校学生达到合格标准，总平均分也达到合格标准，不同类型学校学生数学抽象能力存在显著差异，优质学校学生数学抽象能力显著高于薄弱学校，中等学校学生数学抽象能力显著高于薄弱学校，而优质学校与中等学校之间不存在显著差异。

其二，学生在数量关系维度的成绩均高于空间图形维度的成绩，在数量关系维度上，中等学校学生得分最高，优质学校学生次之，薄弱学校学生最低，三种类型学校学生均达到合格标准；在空间图形维度上，优质学校学生得分最高，中等学校学生次之，薄弱学校学生最低，薄弱学校学生未达到合格标准，中等学校与优质学校学生达到合格标准，薄弱学校学生在两个维度中的平均分都是最低的。中等学校学生更擅长数量关系的抽象，而优质学校的学生更擅长空间图形的抽象。不同类型学校学生在数量关系与空间图形间均存在显著差异，在数量关系与空间图形维度上，优质学校学生数学抽象能力显著高于中等学校、薄弱学校，而中等学校与薄弱学校之间不存在显著差异。

其三，学生数学抽象能力的成绩随着其水平的升高依次降低，水平越高，得分越低，在水平一上，中等学校学生得分最高，优质学校学生次之，薄弱学校学生最低；在水平二与水平三上，优质学校学生得分最高，中等学校学生次之，薄弱学校学生最低，在三个水平之中，薄弱学校学生平均分与其他两种类型学校相比均是最低。在水平一、水平二上，三种类型学校学生在水平一上达到合格标准，在水平三上，薄弱学校、中等学校学生未达到合格标准，而优质学校学生达到合格标准。不同类型学校的学生在数学抽象能力的三个水平上均存在显著差异，在水平一上，优质学校、中等学校学生数学抽象能力显著高于薄弱学校，而中等学校学生数学抽象能力显著高于优质学校；在水平二上，优质学校学生数学抽象能力显著高于中等学校、薄弱学校，而中等学校与薄弱学校学生之间不存在显著差异；在水平三上，优质学校学生数学抽象能力显著高于中等学校、薄弱学校，中等学校学生数学抽象能力显著高于薄弱学校。

其四，在数量关系维度，三种类型学校学生数学抽象能力的成绩随着其水平的升高依次降低，水平越高，得分越低。在水平一与水平二上，中等学校学生得分最高，优质学校学生次之，薄弱学校学生最低；在水平三上，优质学校学生得分最高，中等学校学生次之，薄弱学校学生最低，在三个水平之中，薄弱学校学生平均分与其他两种类型学校相比均是最低。在水平一、水平二上，三种类型学校学生达到合格标准；在水平三上，薄弱学校学生未达到合格标准，而优质学校、中等学校学生达到合格标准。不同类型学校学生在数学抽象能力的三个水平上均存在显著差异，对于学生数学抽象能力数量关系维度而言，在水平一上，中等学校学生数学抽象能力显著高于优质学校、薄弱学校，而优质学校与薄弱学校之间不存在显著差异；在水平二上，优质学校学生数学抽象能力显著高于薄弱学校，而优质学校与中等学校、中等学校与薄弱学校学生之间不存在显著差异；在水平三上，优质学校学生数学抽象能力显著高于中等学校、薄弱学校，中等学校学生数学抽象能力显著高于薄弱学校。

其五，在空间图形维度，三种类型学校学生数学抽象能力的成绩随着其水平的升高依次降低，水平越高，得分越低，在水平一上，中等学校学生得分最高，优质学校学生次之，薄弱学校学生最低；在水平二与水平三上，优质学校学生得分最高，中等学校学生次之，薄弱学校学生最低，在三个水平之中，薄弱学校学生平均分与其他两种类型学校相比均是最低。在水平一上，三种类型学校学生达到合格标准；在水平二上，薄弱学校学生未达到合格标准，优质学校与中等学校学生达到合格标准；在水平三上，三种类型学校学生均未达到合格标准。三种类型学校学生的总体平均分在水平一与水平二上达到合格标准，在水平三上未达到合格标准。在空间图形维度，不同类型学校学生在数学抽象能力的三个水平上均存在显著差异，对于学生数学抽象能力空间图形维度而言，在水平一上，优质学校、中等学校、薄弱学校两两之间均不存在显著差异；在水平二上，优质学校学生数学抽象能力显著高于中等学校、薄弱学校，而中等学校与薄弱学校之间不存在显著差异；在水平三上，优质学校学生数学抽象能力显著高于薄弱学校，优质学校与中等学校、中等学校与薄弱学校之间不存在显著差异。

第二节　不同年级学生数学抽象能力的数据分析

在本节中，将对不同年级学生数学抽象能力的整体状况、横向维度、纵向水平、数量关系维度与空间图形维度在各水平进行描述分析与方差分析，以此来刻画不同年级学生数学抽象能力的现状。

一、不同年级学生数学抽象能力整体状况的数据分析

（一）不同年级学生数学抽象能力整体状况的描述分析

从图 4-6 中可以看出，不同年级学生数学抽象能力随着年级的增长呈现逐渐升高的趋势，高中阶段学生数学抽象能力有一次较大幅度的提升，即高一年级到高二年级，平均成绩从 54.58 到 58.62，提高 4.04 分，与前者相比，高二年级、高三年级上升相对要缓慢得多，平均成绩从 58.62 到 58.89，提高 0.27 分。高一年级学生数学抽象能力测评的平均成绩是 54.58 分，得分率为 60.64%，高二年级学生数学抽象能力测评的平均成绩是 58.62 分，得分率为 65.13%，高三年级学生数学抽象能力测评的平均成绩是 58.89 分，得分率为 65.43%，三个年级学生的总平均分为 57.36 分，平均得分率为 63.73%，得分率超过 60%。高中三个年级学生平均成绩均高于 54 分（总分的 60%），都达到合格标准，三个年级学生总平均成绩均低于 72 分（总分的 80%），都未达到优秀标准。三个年级学生总平均分超过 54 分，得分率超过 60%，这表明三个年级学生整体达到合格标准。

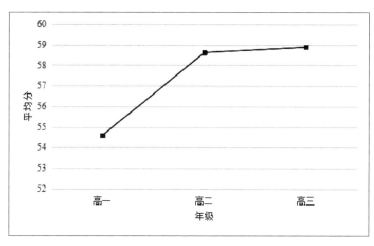

图 4-6　不同年级学生数学抽象能力的发展态势

（二）不同年级学生数学抽象能力整体状况的方差分析

为描述不同年级学生数学抽象能力的差异性，对数据进行方差分析，从表 4-11 中可以看出，对于高中生数学抽象能力而言，方差检验的 F 值为 30.852（p=0.000<0.05），达到显著水平，表示不同年级的学生在数学抽象能力间存在显著差异。

表 4-11　不同年级学生数学抽象能力整体状况的方差分析

差异来源	平方和	df	均方	F 值	显著性
组间	8377.749	2	4188.874	30.852**	0.000
组内	293274.083	2160	135.775		
总数	301651.832	2162			

注：* 表示 p<0.05；** 表示 p<0.01。

通过方差分析，表明年级对高中生数学抽象能力具有显著影响，为进一步说明两个年级之间的具体差异，采用 LSD 法进行多重比较。结果如表 4-12 所示，根据多重比较（LSD）结果可知，高一年级与高二年级之间存在显著差异（$p=0.000<0.05$），两者之间的均值差为 -4.035，表明高二年级学生数学抽象能力显著高于高一年级；高一年级与高三年级之间存在显著差异（$p=0.000<0.05$），两者之间的均值差为 -4.315，这表明高三年级学生数学抽象能力显著高于高一年级；高二年级与高三年级之间不存在显著差异（$p=0.649>0.05$）。

表 4-12 不同年级学生数学抽象能力整体状况的多重比较（LSD）

检验变量	年级（I）	年级（J）	均值差（I－J）	显著性
数学抽象能力	高一	高二	-4.035**	0.000
		高三	-4.315**	0.000
	高二	高一	4.035**	0.000
		高三	-0.279	0.649
	高三	高一	4.315**	0.000
		高二	0.279	0.649

注：* 表示 $p<0.05$；** 表示 $p<0.01$。

二、不同年级学生数学抽象能力横向维度的数据分析
（一）不同年级学生数学抽象能力横向维度的描述分析

从图 4-7 可以看出，高中生在数量关系与空间图形两个维度上基本呈现"平行式"发展态势，三个年级学生在数量关系维度得分均高于空间图形维度，并且随着年级的增长，两个维度的得分依次升高。在数量关系维

度上，高一年级到高二年级上升比较明显（从 28.42 到 30.58，提高 2.16 分），高二年级、高三年级上升比较缓慢（从 30.58 到 30.73，提高 0.15 分），在空间图形维度上，高一年级到高二年级上升比较明显（从 26.16 到 28.04，提高 1.88 分），高二年级、高三年级上升比较缓慢（从 28.04 到 28.16，提高 0.12 分），无论是数量关系维度还是空间图形维度，高二年级到高三年级变化并不大，这可能是因为选择第一学期开学初进行测评，高三年级还没有进行系统的复习所致。在数量关系维度上，高一年级学生平均分为 28.42 分（总分为 45 分，合格分数为 27 分），得分率为 63.16%；高二年级学生的平均分为 30.58 分，得分率为 67.96%；高三年级学生平均分为 30.73 分，得分率为 68.29%，三个年级学生平均分高于 27 分，得分率超过 60%，达到合格标准；三个年级学生在数量关系维度上的总平均分为 29.91 分，平均得分率为 66.47%。在空间图形维度上，高一年级学生的平均分为 26.16 分，得分率为 58.13%；高二年级学生的平均分为 28.04 分，得分率为 62.31%；高三年级学生的平均分 28.16 分，得分率为 62.58%，高一年级学生平均分低于 27 分，得分率不足 60%，未达到合格标准，高二年级、高三年级学生平均分高于 27 分，得分率超过 60%，达到合格标准；三个年级学生在数量关系维度上的总平均分为 27.45 分，平均得分率为 61.01%。此外，学生总平均分在数量关系与空间图形维度上平均分高于 27 分，得分率超过 60%，达到合格标准。

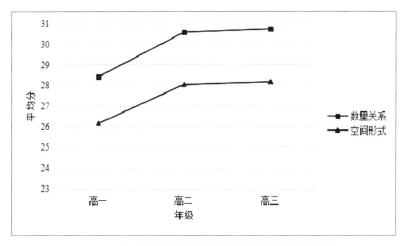

图 4-7　高中生数学抽象能力横向维度的发展态势

（二）不同年级学生数学抽象能力横向维度的方差分析

为描述不同年级学生数学抽象能力横向维度的差异性，对数据进行方差分析，从表 4-13 中可以看出，对于高中生数学抽象能力数量关系维度而言，方差检验的 F 值为 26.414（$p=0.000<0.05$），达到显著水平，表示不同年级的学生在数学抽象能力数量关系维度存在显著差异；对于高中生数学抽象能力图形关系维度而言，方差检验的 F 值为 16.874（$p=0.000<0.05$），达到显著水平，表示不同年级的学生在数学抽象能力空间图形维度存在显著差异。综上所述，不同年级的学生在数量关系与空间图形维度均存在显著差异。

表 4-13　不同年级学生数学抽象能力横向维度的方差分析

检验变量	差异来源	平方和	df	均方	F 值	显著性
数量关系	组间	2396.925	2	1198.462	26.414**	0.000
	组内	98002.950	2160	45.372		
	总数	100399.875	2162			

检验变量	差异来源	平方和	df	均方	F 值	显著性
空间图形	组间	1812.377	2	906.188	16.874**	0.000
	组内	115995.796	2160	53.702		
	总数	117808.173	2162			

注：* 表示 $p<0.05$；** 表示 $p<0.01$。

为进一步说明两个年级之间在各维度上的具体差异，采用LSD法进行多重比较。结果如表4-14所示，可以看出，对数量关系维度而言，高一年级与高二年级之间存在显著差异（$p=0.000<0.05$），两者之间的均值差为−2.155，这表明高二年级学生数学抽象能力在数量关系维度显著高于高一年级；高一年级与高三年级之间存在显著差异（$p=0.000<0.05$），两者之间的均值差为−2.311，这表明高三年级学生数学抽象能力在数量关系维度显著高于高一年级；高二年级与高三年级之间不存在显著差异（$p=0.659>0.05$）；对空间图形维度而言，高一年级与高二年级之间存在显著差异（$p=0.000<0.05$），两者之间的均值差为−1.881，这表明高二年级学生数学抽象能力在空间图形维度显著高于高一年级；高一年级与高三年级之间存在显著差异（$p=0.000<0.05$），两者之间的均值差为−2.004，这表明高三年级学生数学抽象能力在数量关系维度显著高于高一年级；高二年级与高三年级之间不存在显著差异（$p=0.750>0.05$）。综上所述，在数量关系与空间图形维度上，高三年级、高二年级学生数学抽象能力显著高于高一年级，而高二年级与高三年级之间不存在显著差异。

表 4-14　各年级学生数学抽象能力横向维度的多重比较（LSD）

检验变量	年级（I）	年级（J）	均值差（I－J）	显著性
数量关系	高一	高二	−2.155**	0.000
		高三	−2.311**	0.000
	高二	高一	2.155**	0.000
		高三	−0.156	0.659
	高三	高一	2.311**	0.000
		高二	0.156	0.659
空间图形	高一	高二	−1.881**	0.000
		高三	−2.004**	0.000
	高二	高一	1.881**	0.000
		高三	−0.123	0.750
	高三	高一	2.004**	0.000
		高二	0.123	0.750

注：* 表示 $p<0.05$；** 表示 $p<0.01$。

三、不同年级学生数学抽象能力纵向水平的数据分析
（一）不同年级学生数学抽象能力纵向水平的描述分析

从图 4-8 可以看出，高中生在数学抽象能力水平一上呈现先增后降的发展变化，在水平二与水平三上呈现逐渐递增的发展变化，两者不同之处在于，水平二中高一年级到高二年级上升较快，而水平三中三个年级几乎是"直线式"缓慢上升。具体来讲，在水平一中，高一年级学生的平均分为 20.04 分，得分率为 66.80%，高二年级学生的平均分为 21.28 分，得分率为 70.93%，高三年级学生的平均分为 20.73 分，得分率为 69.10%，三个年级学生的平均分均超过 18 分，得分率均超过 60%，均达到合格标准；在水平二中，高一年级学生

的平均分为 17.77 分，得分率为 59.23%，高二年级学生的平均分为 19.77 分，得分率为 65.90%，高三年级学生的平均分为 20.23 分，得分率为 67.43%，高一年级学生的平均分均低于 18 分，得分率均不足 60%，未达到合格标准，高二年级、高三年级学生的平均分均高于 18 分，得分率均超过 60%，达到合格标准；在水平三中，高一年级学生的平均分为 16.77 分，得分率为 55.90%，高二年级学生的平均分为 17.57 分，得分率为 58.57%，高三年级学生的平均分为 17.93 分，得分率为 59.77%，三个年级学生的平均分均低于 18 分，得分率均不足 60%，未达到合格标准。高中生在水平一的总平均分为 20.68 分，平均得分率为 68.94%；在水平二的总平均分为 19.26 分，平均得分率为 64.19%；在水平三的总平均分为 17.42 分，平均得分率为 58.08%，高中三个年级学生的总平均分在水平三上低于 18 分，得分率不足 60%，未达到合格标准。

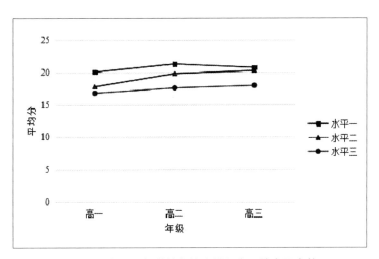

图 4-8　高中生数学抽象能力纵向水平的发展态势

（二）不同年级学生数学抽象能力纵向水平的方差分析

为描述不同年级学生数学抽象能力纵向水平的差异性，对数据进行方差分析，从表 4-15 中可以看出，对于高中生数学抽象能力水平一而言，方差检验的 F 值为 7.913（$p=0.000<0.05$），达到显著水平，表示不同年级的学生在数学抽象能力水平一上存在显著差异；对于高中生数学抽象能力水平二而言，方差检验的 F 值为 57.528（$p=0.000<0.05$），达到显著水平，表示不同年级的学生在数学抽象能力水平二上存在显著差异；对于高中生数学抽象能力水平三而言，方差检验的 F 值为 9.132（$p=0.000<0.05$），达到显著水平，表示不同年级的学生在数学抽象能力水平三上存在显著差异。综上所述，不同年级的学生在数学抽象能力的三个水平上均存在显著差异。

表 4-15　不同年级学生数学抽象能力纵向水平的方差分析

检验变量	差异来源	平方和	df	均方	F 值	显著性
	组间	552.961	2	276.480	7.913**	0.000
水平一	组内	75469.770	2160	34.940		
	总数	76022.730	2162			
	组间	2458.034	2	1229.017	57.528**	0.000
水平二	组内	46146.141	2160	21.364		
	总数	48604.175	2162			
	组间	506.933	2	253.466	9.132**	0.000
水平三	组内	59950.846	2160	27.755		
	总数	60457.779	2162			

注：* 表示 $p<0.05$；** 表示 $p<0.01$。

　　为进一步说明两个年级之间在各水平上的具体差异，采用 LSD 法进行多重比较。结果如表 4-16 所示，可以看出，对于水平一而言，高一年级与高二年级之间存在显著差异（$p=0.000<0.05$），两者之间的均值差为 -1.231，这表明高二年级学生数学抽象能力在水平一上显著高于高一年级；高一年级与高三年级之间存在显著差异（$p=0.028<0.05$），两者之间的均值差为 -0.687，这表明高三年级学生数学抽象能力在水平一上显著高于高一年级；而高二年级与高三年级学生之间不存在显著差异（$p=0.081>0.05$）。对于水平二而言，高一年级与高二年级之间存在显著差异（$p=0.000<0.05$），两者之间的均值差为 -1.998，这表明高二年级学生数学抽象能力在水平二上显著高于高一年级；高一年级与高三年级之间存在显著差异（$p=0.000<0.05$），两者之间的均值差为 -2.466，这表明高三年级学生数学抽象能力在水平二上显著高于高一年级；而高二年级与高三年级之间不存在显著差异（$p=0.055>0.05$）。对于水平三而言，高一年级与高二年级之间存在显著差异（$p=0.004<0.05$），两者之间的均值差为 -0.807，这表明高二年级学生数学抽象能力在水平三上显著高于高一年级；高一年级与高三年级之间存在显著差异（$p=0.000<0.05$），两者之间的均值差为 -1.162，这表明高三年级学生数学抽象能力在水平三上显著高于高一年级；而高二年级与高三年级之间不存在显著差异（$p=0.200>0.05$）。综上所述，在数学抽象能力的三个水平上，高三年级、高二年级学生数学抽象能力显著高于高一年级，而高二年级与高三年级之间不存在显著差异。

表 4–16　不同年级学生数学抽象能力纵向水平的多重比较（LSD）

检验变量	年级（I）	年级（J）	均值差（I－J）	显著性
水平一	高一	高二	−1.231**	0.000
		高三	−0.687*	0.028
	高二	高一	1.231**	0.000
		高三	0.544	0.081
	高三	高一	0.687*	0.028
		高二	−0.544	0.081
水平二	高一	高二	−1.998**	0.000
		高三	−2.466**	0.000
	高二	高一	1.998**	0.000
		高三	−0.468	0.055
	高三	高一	2.466**	0.000
		高二	0.468	0.055
水平三	高一	高二	−0.807**	0.004
		高三	−1.162**	0.000
	高二	高一	0.807**	0.004
		高三	−0.356	0.200
	高三	高一	1.162**	0.000
		高二	0.356	0.200

注：* 表示 $p<0.05$；** 表示 $p<0.01$。

四、不同年级学生数学抽象能力数量关系维度各水平的数据分析

（一）不同年级学生数学抽象能力数量关系维度各水平的描述分析

从图4-9可以看出，在数量关系维度，高中生在数学抽象能力水平一上呈现先增后降的发展变化，在水平二与水平三上呈现逐渐递增的发展变化，两者呈现"平行式"上升趋势。具体来讲，在水平一上，高一年级学生的平均分为10.21分，得分率为68.07%，高二年级学生的平均分为11.23分，得分率为74.87%，高三年级学生的平均分为10.75分，得分率为71.67%，三个年级学生的平均分均高于9分，得分率均超过60%，达到合格标准；在水平二上，高一年级学生的平均分为9.45分，得分率为63.00%，高二年级学生的平均分为10.12分，得分率为67.47%，高三年级学生的平均分为10.46分，得分率为69.73%，三个年级学生的平均分均高于9分，得分率均超过60%，达到合格标准；在水平三上，高一年级学生的平均分为8.76分，得分率为58.40%，高二年级学生的平均分为9.23分，得分率为61.53%，高三年级学生的平均分为9.52分，得分率为63.47%，高一年级学生的平均分低于9分，得分率不足60%，未达到合格标准，而高二年级、高三年级学生的平均分均高于9分，得分率均超过60%，达到合格标准。高中生在水平一的总平均分为10.73分，平均得分率为71.53%；在水平二的总平均分为10.01分，平均得分率为66.73%；在水平三的总平均分为9.17分，平均得分率为61.13%，在三个水平上，学生总平均分均高于9分，得分率均超过60%，达到合格标准。

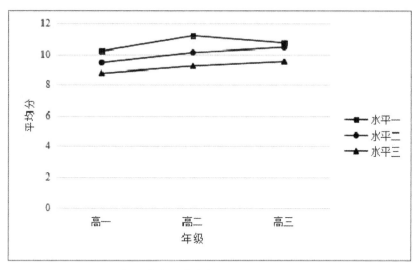

图 4-9 不同年级学生数学抽象能力数量关系维度各水平发展

（二）不同年级学生数学抽象能力数量关系维度各水平的方差分析

为描述不同年级学生数学抽象能力在数量关系维度上各水平的差异性，对数据进行方差分析，从表 4-17 中可以看出，在数量关系维度，对于高中生数学抽象能力水平一而言，方差检验的 F 值为 14.486（$p=0.000<0.05$），达到显著水平，表示不同年级的学生在数学抽象能力水平一上存在显著差异；对于高中生数学抽象能力水平二而言，方差检验的 F 值为 18.051（$p=0.000<0.05$），达到显著水平，表示不同年级的学生在数学抽象能力水平二上存在显著差异；对于高中生数学抽象能力水平三而言，方差检验的 F 值为 9.309（$p=0.000<0.05$），达到显著水平，表示不同年级学生在数学抽象能力水平三上存在显著差异。综上所述，在数量关系维度上，不同年级的学生在数学抽象能力的三个水平上均存在显著差异。

表 4-17　不同年级学生数学抽象能力数量关系维度各水平的方差分析

检验变量	差异来源	平方和	df	均方	F 值	显著性
水平一	组间	373.780	2	186.890	14.486**	0.000
	组内	27867.300	2160	12.902		
	总数	28241.080	2162			
水平二	组间	380.031	2	190.016	18.051**	0.000
	组内	22736.835	2160	10.526		
	总数	23116.866	2162			
水平三	组间	211.521	2	105.760	9.309**	0.000
	组内	24539.895	2160	11.361		
	总数	24751.416	2162			

注：* 表示 $p<0.05$ ；** 表示 $p<0.01$ 。

为进一步说明两个年级之间在数量关系维度上各水平的具体差异，采用 LSD 法进行多重比较。结果如表 4-18 所示，可以看出，对于水平一而言，高一年级与高二年级之间存在显著差异（ $p=0.000<0.05$ ），两者之间的均值差为 -1.014，这表明高二年级学生数学抽象能力在水平一上显著高于高一年级；高一年级与高三年级之间存在显著差异（ $p=0.028<0.05$ ），两者之间的均值差为 -0.543，高三年级学生数学抽象能力在水平一上显著高于高一年级；高二年级与高三年级之间存在显著差异（ $p=0.011<0.05$ ），两者之间的均值差为 0.479，这表明高二年级学生数学抽象能力在水平一上显著高于高三年级。对于水平二而言，高一年级与高二年级之间存在显著差异（ $p=0.000<0.05$ ），两者之间的均值差为 -0.667，这表明高二年级学生数学抽象能力在水平二上显著高于高一年级；高一年级与高三年级之间存在显著差异（ $p=0.000<0.05$ ），两者之间的均值差为 -1.015，这表明高三年级

学生数学抽象能力在水平二上显著高于高一年级；高二年级与高三年级之间存在显著差异（$p=0.042<0.05$），两者之间的均值差为 -0.348，这表明高三年级学生数学抽象能力在水平二上显著高于高二年级。对于水平三而言，高一年级与高二年级之间存在显著差异（$p=0.007<0.05$），两者之间的均值差为 -0.474，这表明高二年级学生数学抽象能力在水平三上显著高于高一年级；高一年级与高三年级之间存在显著差异（$p=0.000<0.05$），两者之间的均值差为 -0.762，这表明高三年级学生数学抽象能力在水平三上显著高于高一年级；而高二年级与高三年级之间不存在显著差异（$p=0.105>0.05$）。综上所述，在水平一上，高三年级、高二年级学生数学抽象能力显著高于高一年级，而高二年级学生数学抽象能力显著高于高三年级；在水平二上，高三年级、高二年级学生数学抽象能力显著高于高一年级，高三年级学生数学抽象能力显著高于高二年级；在水平三上，高三年级、高二年级学生数学抽象能力显著高于高一年级，而高二年级与高三年级之间不存在显著差异。

表4-18 不同年级学生数学抽象能力数量关系维度各水平的多重比较（LSD）

检验变量	年级（I）	年级（J）	均值差（I－J）	显著性
水平一	高一	高二	-1.014^{**}	0.000
		高三	-0.534^{**}	0.005
	高二	高一	1.014^{**}	0.000
		高三	0.479^{*}	0.011
	高三	高一	0.534^{**}	0.005
		高二	-0.479^{*}	0.011

检验变量	年级（I）	年级（J）	均值差（I－J）	显著性
水平二	高一	高二	−0.667**	0.000
		高三	−1.015**	0.000
	高二	高一	0.667**	0.000
		高三	−0.348*	0.042
	高三	高一	1.015**	0.000
		高二	0.348*	0.042
水平三	高一	高二	−0.474**	0.007
		高三	−0.762**	0.000
	高二	高一	0.474**	0.007
		高三	−0.288	0.105
	高三	高一	0.762**	0.000
		高二	0.288	0.105

注：* 表示 $p<0.05$；** 表示 $p<0.01$。

五、不同年级学生数学抽象能力空间图形维度各水平的数据分析
（一）不同年级学生数学抽象能力空间图形维度各水平的描述分析

从图 4-10 可以看出，在空间图形维度，高中生在数学抽象能力水平一上呈现先增后降的发展趋势，其增降幅度不大，在水平二与水平三上呈现逐渐递增的发展变化，两者不同的是，在水平三上三个年级呈"直线式"缓慢增长，而在水平二上，高一年级到高二年级出现大幅度提升，高二年级到高三年级又呈现缓慢增长趋势。具体来讲，在水平一上，高一年级学生的平均分为 9.83 分，得分率为 65.53%，高二年级学生的平均分为 10.05 分，得分率为 67.00%，高三年级学生的平均分为 9.98 分，得分率为 66.53%，三个年级学生的平均分均高于 9 分，得分率均超过 60%，达到合

格标准；在水平二上，高一年级学生的平均分为8.32分，得分率为55.47%，高二年级学生的平均分为9.65分，得分率为64.33%，高三年级学生的平均分为9.77分，得分率为65.13%，高一年级学生的平均分低于9分，得分率不足60%，未达到合格标准，高二年级、高三年级学生的平均分均高于9分，得分率均超过60%，达到合格标准；在水平三上，高一年级学生的平均分为8.01分，得分率为53.40%，高二年级学生的平均分为8.34分，得分率为55.60%，高三年级学生的平均分为8.41分，得分率为56.07%，三个年级学生的平均分均低于9分，得分率均不足60%，未达到合格标准。高中生在水平一的总平均分为9.95分，平均得分率为66.35%；在水平二的总平均分为9.24分，平均得分率为61.64%；在水平三的总平均分为8.25分，平均得分率为55.02%。在水平一、水平二上，学生的总平均分均高于9分，得分率均超过60%，达到合格标准，在水平三上，学生的总平均分低于9分，得分率不足60%，未达到合格标准。

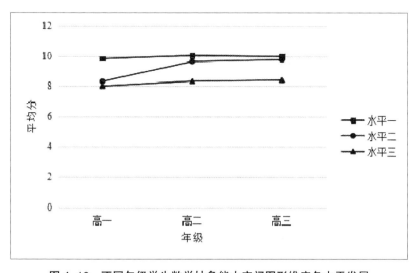

图4-10　不同年级学生数学抽象能力空间图形维度各水平发展

（二）不同年级学生数学抽象能力空间图形维度各水平的方差分析

为描述不同年级学生数学抽象能力在空间图形维度上各水平的差异性，对数据进行方差分析，从表 4-19 中可以看出，在空间图形维度，对于高中生数学抽象能力水平一而言，方差检验的 F 值为 0.646（$p=0.524>0.05$），未达到显著水平，表示不同年级的学生在数学抽象能力水平一上不存在显著差异；对于高中生数学抽象能力水平二而言，方差检验的 F 值为 39.458（$p=0.000<0.05$），达到显著水平，表示不同年级的学生在数学抽象能力水平二上存在显著差异；对于高中生数学抽象能力水平三而言，方差检验的 F 值为 2.673（$p=0.069>0.05$），未达到显著水平，表示不同年级学生在数学抽象能力水平三上不存在显著差异。综上所述，在空间图形维度上，不同年级的学生在数学抽象能力的水平二上存在显著差异，在水平一、水平三两个水平上均不存在显著差异。

表 4-19　不同年级学生数学抽象能力空间图形维度各水平的方差分析

检验变量	差异来源	平方和	df	均方	F 值	显著性
水平一	组间	18.064	2	9.032	0.646	0.524
	组内	30222.405	2160	13.992		
	总数	30240.469	2162			
水平二	组间	931.568	2	465.784	39.458**	0.000
	组内	25498.056	2160	11.805		
	总数	26429.624	2162			
水平三	组间	65.675	2	32.837	2.673	0.069
	组内	26537.454	2160	12.286		
	总数	26603.129	2162			

注：* 表示 $p<0.05$；** 表示 $p<0.01$。

　　为进一步说明两个年级之间在空间图形维度上各水平的具体差异，采用 LSD 法进行多重比较。结果如表 4-20 所示，可以看出，对于水平一而言，高一年级与高二年级之间不存在显著差异（$p=0.268>0.05$），高一年级与高三年级之间不存在显著差异（$p=0.400>0.05$），高二年级与高三年级之间不存在显著差异（$p=0.743>0.05$）。对于水平二而言，高一年级与高二年级之间存在显著差异（$p=0.000<0.05$），两者之间的均值差为 -1.331，这表明高二年级学生数学抽象能力在水平二上显著高于高一年级；高一年级与高三年级之间存在显著差异（$p=0.000<0.05$），两者之间的均值差为 -1.451，这表明高三年级学生数学抽象能力在水平二上显著高于高一年级；高二年级与高三年级之间不存在显著差异（$p=0.508>0.05$）。对于水平三而言，高一年级与高二年级之间不存在显著差异（$p=0.071>0.05$）；高一年级与高三年级之间存在显著差异（$p=0.031<0.05$），两者之间的均值差为 -0.400，这表明高三年级学生数学抽象能力在水平三上显著高于高一年级；而高二年级与高三年级之间不存在显著差异（$p=0.713>0.05$）。综上所述，在水平一上，三个年级之间均不存在显著差异；在水平二上，高三年级、高二年级学生数学抽象能力显著高于高一年级，而高三年级与高二年级之间不存在显著差异；在水平三上，高三年级学生数学抽象能力显著高于高一年级，而高二年级与高三年级之间不存在显著差异，高二年级与高一年级之间不存在显著差异。

表 4-20　不同年级学生数学抽象能力空间图形维度各水平的多重比较（LSD）

检验变量	年级（Ｉ）	年级（Ｊ）	均值差（Ｉ－Ｊ）	显著性
水平一	高一	高二	−0.217	0.268
		高三	−0.153	0.440
	高二	高一	0.217	0.268
		高三	0.064	0.743
	高三	高一	0.153	0.440
		高二	−0.064	0.743
水平二	高一	高二	−1.331**	0.000
		高三	−1.451**	0.000
	高二	高一	1.331**	0.000
		高三	−0.120	0.508
	高三	高一	1.451**	0.000
		高二	0.120	0.508
水平三	高一	高二	−0.332	0.071
		高三	−0.400*	0.031
	高二	高一	0.332	0.071
		高三	−0.068	0.713
	高三	高一	0.400*	0.031
		高二	0.068	0.713

注：* 表示 $p<0.05$；** 表示 $p<0.01$。

（三）研究结果小结

其一，不同年级学生数学抽象能力随着年级的增长呈现逐渐升高的趋势，高中三个年级学生平均成绩均达到合格标准，整体也达到合格标准。

不同年级的学生在数学抽象能力间存在显著差异，高二年级学生数学抽象能力显著高于高一年级，高三年级学生数学抽象能力显著高于高一年级，高二年级与高三年级之间不存在显著差异。

其二，三个年级学生在数量关系维度得分均高于空间图形维度，并且随着年级的增长，两个维度的得分依次升高。在数量关系维度上，三个年级学生均达到合格标准；在空间图形维度上，高一年级学生未达到合格标准，高二年级、高三年级学生达到合格标准，学生总体平均分达到合格标准，学生在数量关系维度上的得分率要高于空间图形维度。不同年级的学生在数量关系与空间图形间均存在显著差异，在数量关系与空间图形维度上，高三年级、高二年级学生数学抽象能力显著高于高一年级，而高二年级与高三年级之间不存在显著差异。

其三，学生数学抽象能力在水平一上呈现先增后降的发展变化，在水平二与水平三上呈现逐渐递增的变化趋势。在水平一上，三个年级学生均达到合格标准；在水平二上，高一年级学生未达到合格标准，高二年级、高三年级学生达到合格标准；在水平三上，高一年级、高二年级学生未达到合格标准，高三年级学生达到合格标准。不同年级的学生在数学抽象能力的三个水平上均存在显著差异，在数学抽象能力的三个水平上，高三年级、高二年级学生数学抽象能力显著高于高一年级，而高二年级与高三年级之间不存在显著差异。

其四，在数量关系维度，学生数学抽象能力水平一上呈现先增后降的发展变化，在水平二与水平三上呈现逐渐递增的发展变化。在水平一、水平二上，三个年级学生均达到合格标准；在水平三上，高一年级学生未达到合格标准，高二年级、高三年级学生达到合格标准，总平均分在三个水平上均达到合格标准。不同年级的学生在数学抽象能力的三个水平上均存在显著差异，在水平一上，高三年级、高二年级学生数学抽象能力显著高于高一年级，而高二年级学生数学抽象能力显著高于高三年级；在水平二上，高三年级、高二年级学生数学抽象能力显著高于高一年级，高三年级学生数学抽象能力显著高于高二年级；在水平三上，高三年级、高二年级学生数学抽象能力显著高于高一年级，而高二年级与高三年级之间不存在显著差异。

其五，在空间图形维度，学生在数学抽象能力水平一上呈现先增后降的发展趋势，在水平二与水平三上呈现逐渐递增的发展变化。在水平一上，三个年级学生均达到合格标准；在水平二上，高一年级学生未达到合格标准，高二年级、高三年级学生达到合格标准；在水平三上，三个年级学生均未达到合格标准。不同年级的学生在数学抽象能力的水平二上存在显著差异，在水平一、水平三两个水平上均不存在显著差异，在水平一上，三个年级之间均不存在显著差异；在水平二上，高三年级、高二年级学生数学抽象能力显著高于高一年级，而高三年级与高二年级之间不存在显著差异；在水平三上，高三年级学生数学抽象能力显著高于高一年级，而高二年级与高三年级之间不存在显著差异，高二年级与高一年级之间不存在显著差异。

第三节　不同性别学生数学抽象能力的数据分析

在本节中，将对不同性别学生数学抽象能力的整体状况、横向维度、纵向水平、数量关系维度与空间图形维度在各水平进行描述分析与 t 检验分析，以此来刻画不同性别学生数学抽象能力的现状。

一、不同性别学生数学抽象能力整体状况的数据分析
（一）不同性别学生数学抽象能力整体状况的描述分析

从图 4-11 中可以看出，整体来看，男生数学抽象能力的平均分高于女生，其中，男生数学抽象能力测评的平均成绩是 57.81 分，得分率为 64.23%；女生数学抽象能力测评的平均成绩是 56.91 分，得分率为 63.23%；不同性别学生的平均分为 57.36 分，平均得分率为 63.73%，学生平均分超过 54 分，得分率超过 60%，达到合格标准。

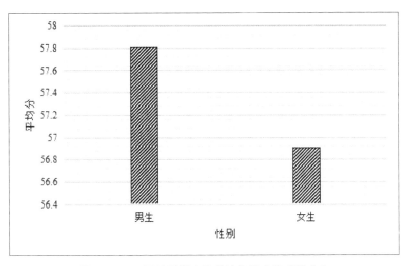

图 4-11　不同性别学生数学抽象能力的成绩分布

（二）不同性别学生数学抽象能力整体状况的差异分析

为描述不同类型学校学生数学抽象能力的差异性，对数据进行 t 检验，

从表 4-21 中可以看出，对于高中生数学抽象能力而言，男生与女生依变量检验 t 统计量达到显著水平（$t=2.830$，$p=0.005<0.05$），表明不同性别学生在数学抽象能力上存在显著差异。

表 4-21　不同性别学生在数学抽象能力总体的差异分析

检验变量	性别	个数	平均数	标准差	t 值	Sig（双侧）
数学抽象能力	男生	1166	57.81	6.180	2.830**	0.005
	女生	997	56.91	5.451		

注：* 表示 $p<0.05$；** 表示 $p<0.01$。

二、不同性别学生数学抽象能力横向维度的数据分析
（一）不同性别学生数学抽象能力横向维度的描述分析

从图 4-12 可以看出，不同性别学生在数量关系维度的成绩均高于空间图形维度的成绩，两个维度上男生的平均分要高于女生的平均分。在数量关系维度上，男生的平均分为 30.00 分，得分率为 66.67%；女生的平均分为 29.86 分，得分率为 66.36%。不同性别学生在数量关系维度上的总平均分为 29.93 分，平均得分率为 66.51%；不同性别学生平均分都超过 27 分，得分率均超过 60%，达到合格标准。在空间图形维度上，男生的平均分为 27.81 分，得分率为 61.80%，女生的平均分为 27.05 分，得分率为 60.11%，不同性别学生在空间图形维度上的总平均分为 27.43 分，平均得分率为 60.96%；不同性别学生平均分都超过 27 分，得分率均超过 60%，达到合格标准。此外，两个维度上不同性别学生的总体平均分都超过 27 分，得分率均超过 60%，达到合格标准。

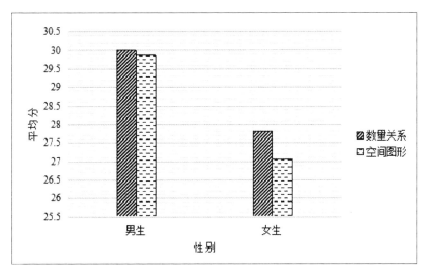

图 4-12　不同性别学生数学抽象能力横向维度的发展态势

（二）不同性别学生数学抽象能力横向维度的差异分析

为描述不同性别学生在数学抽象能力横向维度的差异性，对数据进行 t 检验，从表 4-22 中可以看出，对于高中生数学抽象能力在数量关系维度而言，男生与女生依变量检验 t 统计量达到显著水平（t=2.705，p=0.007<0.05），表明不同性别学生在数学抽象能力数量关系维度上存在显著差异；对于高中生数学抽象能力在空间图形维度而言，男生与女生依变量检验 t 统计量达到显著水平（t=2.050，p=0.040<0.05），表明不同性别学生在数学抽象能力数量关系维度上存在显著差异。

表 4-22　不同性别学生数学抽象能力横向维度的差异分析

检验变量	性别	个数	平均数	标准差	t 值	Sig（双侧）
数量关系	男生	1166	30.00	6.688	2.705**	0.007
	女生	997	29.86	6.938		

检验变量	性别	个数	平均数	标准差	t 值	Sig（双侧）
空间图形	男生	1166	27.81	7.180	2.050*	0.040
	女生	997	27.05	7.599		

注：*表示 $p<0.05$；** 表示 $p<0.01$。

三、不同性别学生数学抽象能力纵向水平的数据分析
（一）不同性别学生数学抽象能力纵向水平的描述分析

从图 4-13 可以看出，两种性别学生数学抽象能力的成绩随着其水平的升高先增后降，呈现"凸"字形分布，学生在水平二上得分最高，水平一次之，水平三得分最低。在水平一上，男生的平均分低于女生；在水平二与水平三上，男生的平均分高于女生，可以看出在高水平要求下，男生的成绩好于女生。在水平一上，男生的平均分为 19.13 分，得分率为 63.77%；女生的平均分为 19.40 分，得分率为 64.67%。学生在水平一上的总平均分为 19.27 分，平均得分率为 64.22%，两种性别学生平均分都超过 18 分，得分率均超过 60%，达到合格标准。在水平二上，男生的平均分为 20.97 分，得分率为 69.90%，女生的平均分为 20.35 分，得分率为 67.83%。两种性别学生在水平二上的总平均分为 20.66 分，平均得分率为 68.87%；两种性别学生平均分都超过 18 分，得分率均超过 60%，达到合格标准。在水平三上，男生的平均分为 17.71 分，得分率为 59.03%；女生的平均分为 17.16 分，得分率为 57.20%。两种性别学生在水平三上的总平均分为 17.44 分，平均得分率为 58.12%；两种性别学生平均分低于 18 分，得分率均不足 60%，未达到合格标准。此外，两种性别学生的总体平均分在水平一与水平二上都超过 18 分，得分率均超过 60%，达到

合格标准；在水平三上低于 18 分，得分率均不足 60%，未达到合格标准。

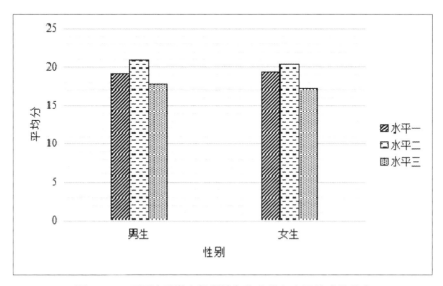

图 4-13　不同性别学生数学抽象能力纵向水平的成绩分布

（二）不同性别学生数学抽象能力纵向水平的差异分析

为描述不同性别学生在数学抽象能力纵向水平的差异性，对数据进行 t 检验，从表 4-23 中可以看出，对于水平一而言，男生与女生依变量检验 t 统计量未达到显著水平（$t=1.061$，$p=0.289>0.05$），表明不同性别学生在数学抽象能力水平一上不存在显著差异；对于水平二而言，男生与女生依变量检验 t 统计量达到显著水平（$t=2.422$，$p=0.016<0.05$），表明不同性别学生在数学抽象能力水平二上存在显著差异；对于水平三而言，男生与女生依变量检验 t 统计量达到显著水平（$t=2.665$，$p=0.008<0.05$），表明不同性别学生在数学抽象能力水平三上存在显著差异。

表4-23　不同性别学生在数学抽象能力纵向水平的差异分析

检验变量	性别	个数	平均数	标准差	t 值	Sig（双侧）
水平一	男生	1166	19.13	4.835	−1.061	0.289
	女生	997	19.40	4.660		
水平二	男生	1166	20.97	5.727	2.422*	0.016
	女生	997	20.35	6.145		
水平三	男生	1166	17.71	5.143	2.665**	0.008
	女生	997	17.16	5.437		

注：*表示 $p<0.05$；**表示 $p<0.01$。

四、不同性别学生数学抽象能力数量关系维度各水平的数据分析

（一）不同性别学生数学抽象能力数量关系维度各水平的描述分析

从图4-14可以看出，受学生在整体纵向水平表现的影响，在数量关系维度，两种性别学生数学抽象能力的成绩随着其水平的升高先增后降更加明显，同一性别学生在水平二上得分最高，水平一次之，水平三得分最低。在水平一上，男生的平均分低于女生；在水平二与水平三上，男生的平均分高于女生，可以看出男生在数量关系的高水平成绩好于女生。在水平一上，男生的平均分为9.86分，得分率为65.73%；女生的平均分为10.18分，得分率为67.87%。学生在水平一上的总平均分为10.02分，平均得分率为66.80%，两种性别学生平均分都超过9分，得分率均超过60%，达到合格标准。在水平二上，男生的平均分为10.85分，得分率为72.33%；女生的平均分为10.59分，得分率为70.06%。两种性别学生在水平二上的总平均分为10.72分，平均得分率为71.47%；两种性别学生平均分都超过9分，得分率均超过60%，达到合格标准。在水平三上，男生的平均分为9.29

分，得分率为 61.93%；女生的平均分为 9.09 分，得分率为 60.06%。两种性别学生在水平三上的总平均分为 9.19 分，平均得分率为 61.27%；两种性别学生平均分超过 9 分，得分率均超过 60%，达到合格标准。此外，两种性别学生的总体平均分在数量关系维度的三个水平上均超过 9 分，得分率均超过 60%，达到合格标准。

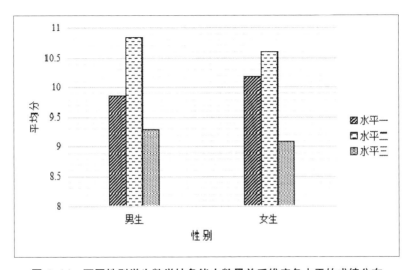

图 4-14　不同性别学生数学抽象能力数量关系维度各水平的成绩分布

（二）不同性别学生数学抽象能力数量关系维度各水平的差异分析

为描述不同性别学生在数学抽象能力的数量关系维度在各纵向水平的差异性，对数据进行 t 检验，从表 4-24 中可以看出，在数量关系维度，对于水平一而言，男生与女生依变量检验 t 统计量未达到显著水平（$t=1.925$，$p=0.054>0.05$），表明不同性别学生在数学抽象能力水平一上不存在显著差异；对于水平二而言，男生与女生依变量检验 t 统计量未达到显著水平（$t=1.675$，$p=0.094>0.05$），表明不同性别学生在数学抽象能力水平二上不存在显著差异；对于水平三而言，男生与女生依变量检验 t 统计量未达到显著水平（$t=1.784$，$p=0.075>0.05$），表明不同性别学生在数学抽象能力水平三上不存在显著差异。

表 4-24　不同性别学生数学抽象能力数量关系维度在各纵向水平的差异分析

检验变量	性别	个数	平均数	标准差	t 值	Sig（双侧）
水平一	男生	1166	9.86	3.172	−1.925	0.054
	女生	997	10.18	3.348		
水平二	男生	1166	10.85	3.501	1.675	0.094
	女生	997	10.59	3.739		
水平三	男生	1166	9.29	3.363	1.784	0.075
	女生	997	9.09	3.403		

注：* 表示 $p<0.05$；** 表示 $p<0.01$。

五、不同性别学生数学抽象能力空间图形维度各水平的数据分析
（一）不同性别学生数学抽象能力空间图形维度各水平的描述分析

从图 4-15 可以看出，在空间图形维度上，两种性别学生数学抽象能力的成绩随着其水平的升高先增后降更加明显，同一性别学生在水平二上得分最高，水平一次之，水平三得分最低。与学生在数量关系维度各水平表现不同，在三个水平上，男生的平均分都高于女生，可以看出男生在空间图形维度各水平的抽象能力普遍好于女生。在水平一上，男生的平均分为9.27 分，得分率为 61.80%；女生的平均分为 9.22 分，得分率为 61.47%。学生在水平一上的总平均分为 9.25 分，平均得分率为 61.63%；两种性别学生平均分都超过 9 分，得分率均超过 60%，达到合格标准。在水平二上，男生的平均分为 10.12 分，得分率为 67.47%；女生的平均分为 9.76 分，得分

率为 65.07%。两种性别学生在水平二上的总平均分为 9.94 分，平均得分率为 66.27%；两种性别学生平均分都超过 9 分，得分率均超过 60%，达到合格标准。在水平三上，男生的平均分为 8.42 分，得分率为 56.13%；女生的平均分为 8.07 分，得分率为 53.80%。两种性别学生在水平三上的总平均分为 8.25 分，平均得分率为 54.97%；两种性别学生平均分低于 9 分，得分率均不足 60%，未达到合格标准。此外，两种性别学生的总体平均分在空间图形维度的水平一、水平二上均超过 9 分，得分率均超过 60%，达到合格标准，在水平三上均低于 9 分，得分率均不足 60%，未达到合格标准。

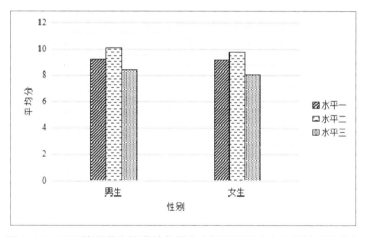

图 4-15　不同性别学生数学抽象能力空间图形维度各水平的成绩分布

（二）不同性别学生数学抽象能力空间图形维度在各水平的差异分析

为描述不同性别学生在数学抽象能力的空间图形维度在各纵向水平的差异性，对数据进行 t 检验，从表 4-25 中可以看出，在空间图形维度，对于水平一而言，男生与女生依变量检验 t 统计量未达到显著水平（$t=-0.358$，$p=0.721>0.05$），表明不同性别学生在数学抽象能力水平一上不存在显著差异；

对于水平二而言，男生与女生依变量检验 t 统计量达到显著水平（$t=-2.232$，$p=0.026<0.05$），表明不同性别学生在数学抽象能力水平二上存在显著差异；对于水平三而言，男生与女生依变量检验 t 统计量达到显著水平（$t=2.295$，$p=0.022<0.05$），表明不同性别学生在数学抽象能力水平三上存在显著差异。

表 4-25　不同性别学生数学抽象能力空间图形维度在各纵向水平的差异分析

检验变量	性别	个数	平均数	标准差	t 值	Sig（双侧）
水平一	男生	1166	9.27	3.640	−0.358	0.721
	女生	997	9.22	3.691		
水平二	男生	1166	10.12	3.370	−2.232*	0.026
	女生	997	9.76	3.789		
水平三	男生	1166	8.42	3.461	2.295*	0.022
	女生	997	8.07	3.555		

注：* 表示 $p<0.05$；** 表示 $p<0.01$。

（三）研究结果小结

其一，整体来看，男生数学抽象能力的平均分高于女生，男生、女生均达到合格标准，不同性别学生在数学抽象能力上存在显著差异。

其二，不同性别学生在数量关系维度的成绩均高于空间图形维度的成绩，两个维度上男生的平均分要高于女生的平均分。在数量关系维度与空间图形维度上，男生、女生均达到合格标准，不同性别学生在数学抽象能力数量关系维度上存在显著差异。

其三，两种性别学生数学抽象能力的成绩随着其水平的升高先增后降，学生在水平二上得分最高，水平一次之，水平三得分最低。在水平一、水平二上，男生、女生均达到合格标准；在水平三上，男生、女生均未达到合格标准，学生总体平均分在水平一与水平二上达到合格标准，在水平三上未达到合格标准。不同性别学生在数学抽象能力水平一上不存在显著差异，在水平二、水平三上存在显著差异。

其四，在数量关系维度上，两种性别学生数学抽象能力的成绩随着其水平的升高先增后降更加明显，同一性别学生在水平二上得分最高，水平一次之，水平三得分最低，在水平一上，男生的平均分低于女生；在水平二与水平三上，男生的平均分高于女生。在三个水平上，男生、女生平均分都超过 9 分，得分率均超过 60%，达到合格标准，并且，不同性别学生在数学抽象能力水平三上不存在显著差异。

其五，在空间图形维度上，两种性别学生数学抽象能力的成绩随着其水平的升高先增后降，同一性别学生在水平二上得分最高，水平一次之，水平三得分最低。在三个水平上，男生的平均分都高于女生；在水平一、水平二上，男生、女生均达到合格标准；在水平三上，男生、女生均未达到合格标准。学生总体平均分在水平一、水平二上达到合格标准，在水平三上未达到合格标准。不同性别学生在水平一上不存在显著差异，在水平二、水平三上存在显著差异。

第四节　不同区域学生数学抽象能力的数据分析

在本节中，将对不同区域学生数学抽象能力的整体状况、横向维度、纵向水平、数量关系维度与空间图形维度在各水平进行描述分析与 t 检验分析，以此来刻画不同区域学生数学抽象能力的现状。

一、不同区域学生数学抽象能力整体状况的数据分析

（一）不同区域学生数学抽象能力整体状况的描述分析

从图 4-16 中可以看出，整体来看，城镇学生数学抽象能力的平均分高于乡村学生，其中，城镇学生数学抽象能力测评的平均成绩是 57.92分，得分率为 64.36%，乡村学生数学抽象能力测评的平均成绩是 56.80 分，得分率为 63.11%，不同区域学生的总平均分为 57.36 分，平均得分率为63.73%，得分率超过 60%。不同区域学生的平均成绩均高于 54 分（总分的60%），得分率超过 60%，均达到合格标准。

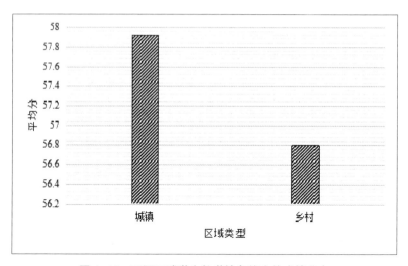

图 4-16　不同区域学生数学抽象能力的成绩分布

（二）不同区域学生数学抽象能力整体状况的差异分析

为描述不同区域学生数学抽象能力的差异性，对数据进行 t 检验，从表 4-26 中可以看出，对于高中生数学抽象能力而言，城镇与乡村依变量检验 t 统计量达到显著水平（$t=2.031$，$p=0.042<0.05$），表明不同区域学生在

数学抽象能力上存在显著差异。

表 4-26 不同性别学生在数学抽象能力总体的差异分析

检验变量	区域	个数	平均数	标准差	t 值	Sig(双侧)
数学抽象能力	城镇	1261	57.92	7.113	2.031*	0.042
	乡村	902	56.80	8.705		

注：* 表示 $p<0.05$；** 表示 $p<0.01$。

二、不同区域学生数学抽象能力横向维度的数据分析
（一）不同区域学生数学抽象能力横向维度的描述分析

从图 4-17 可以看出，不同区域学生在数量关系维度的成绩均高于空间图形维度的成绩，两个维度上城镇学生的平均分要高于乡村学校的平均分。在数量关系维度上，城镇学生的平均分为 30.28 分，得分率为 67.29%；乡村学生的平均分为 29.28 分，得分率为 65.07%。不同区域学生在数量关系维度上的总平均分为 29.78 分，平均得分率为 66.18%；不同区域学生平均分都超过 27 分（总分为 45 分，合格分数为 27 分），得分率均超过 60%，达到合格标准。在空间图形维度上，城镇学生的平均分为 27.64 分，得分率为 61.42%；乡村学生的平均分为 27.52 分，得分率为 61.16%。不同区域学生在空间图形维度上的总平均分为 27.58 分，平均得分率为 61.29%；不同区域学生平均分都超过 27 分，得分率均超过 60%，达到合格标准。此外，两个维度上不同区域学生的总体平均分都超过 27 分，得分率均超过 60%，达到合格标准。

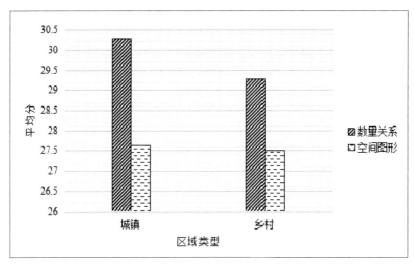

图 4-17　不同区域学生数学抽象能力横向维度的成绩分布

（二）不同性别学生数学抽象能力横向维度的差异分析

为描述不同区域学生在数学抽象能力横向维度的差异性，对数据进行 t 检验，从表 4-27 中可以看出，对于高中生数学抽象能力在数量关系维度而言，城镇与乡村依变量检验 t 统计量未达到显著水平（$t=1.564$，$p=0.118>0.05$），表明不同区域学生在数学抽象能力数量关系维度上不存在显著差异；对于高中生数学抽象能力在空间图形维度而言，城镇与乡村依变量检验 t 统计量未达到显著水平（$t=1.825$，$p=0.068>0.05$），表明不同区域学生在数学抽象能力数量关系维度上不存在显著差异。

表 4-27　不同区域学生数学抽象能力横向维度的差异分析

检验变量	区域	个数	平均数	标准差	t 值	Sig（双侧）
数量 关系	城镇	1261	30.28	6.588	1.564	0.118
	乡村	902	29.28	7.114		

续表

检验变量	区域	个数	平均数	标准差	t 值	Sig（双侧）
空间图形	城镇	1261	27.64	7.022	1.825	0.068
	乡村	1261	27.52	7.848		

注：* 表示 $p<0.05$ ；** 表示 $p<0.01$ 。

三、不同区域学生数学抽象能力纵向水平的数据分析
（一）不同区域学生数学抽象能力纵向水平的描述分析

从图 4-18 可以看出，不同区域类型学生数学抽象能力的成绩随着其水平的升高依次降低，同一区域学生在水平一上得分最高，水平二次之，水平三得分最低。在水平一上，城镇学生的平均分低于乡村学生；在水平二与水平三上，城镇学生的平均分高于乡村学生，城镇学生在数学抽象能力较高水平表现比乡村学生要好。在水平一上，城镇学生的平均分为 20.46 分，得分率为 68.20%；乡村学生的平均分为 20.81 分，得分率为 69.37%。不同区域学生在水平一上的总平均分为 20.64 分，平均得分率为 68.78%；不同区域学生平均分都超过 18 分，得分率均超过 60%，达到合格标准。在水平二上，城镇学生的平均分为 19.68 分，得分率为 65.60%；乡村学生的平均分为 18.89分，得分率为 62.97%。不同区域学生在水平二上的总平均分为 19.29 分，平均得分率为 64.28%；不同区域学生平均分都超过 18 分，得分率均超过 60%，达到合格标准。在水平三上，城镇学生的平均分为 17.78 分，得分率为 59.27%；乡村学生的平均分为 17.10 分，得分率为 57.00%。不同区域学生在水平三上的总平均分为 17.44 分，平均得分率为 58.12%；不同区域学生平均分低于 18 分，得分率均不足 60%，未达到合格标准。此外，不同区域学生的总体平均分在水平一与水平二上都超过 18 分，得分率均超过 60%，达到

合格标准。在水平三上低于 18 分，得分率均不足 60%，未达到合格标准。

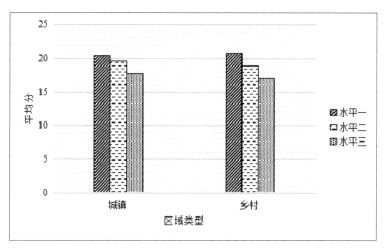

图 4-18　不同区域学生数学抽象能力纵向水平的成绩分布

（二）不同区域学生数学抽象能力纵向水平的差异分析

为描述不同区域学生在数学抽象能力纵向水平的差异性，对数据进行 t 检验，从表 4-28 中可以看出，对于水平一而言，城镇与乡村依变量检验 t 统计量未达到显著水平（$t=-1.368$，$p=0.171>0.05$），表明不同区域学生在数学抽象能力水平一上不存在显著差异；对于水平二而言，城镇与乡村依变量检验 t 统计量达到显著水平（$t=2.027$，$p=0.043<0.05$），表明不同区域学生在数学抽象能力水平二上存在显著差异；对于水平三而言，城镇与乡村依变量检验 t 统计量达到显著水平（$t=3.679$，$p=0.000<0.05$），表明不同区域学生在数学抽象能力水平三上存在显著差异。

表 4-28 不同区域学生在数学抽象能力纵向水平的差异分析

检验变量	区域	个数	平均数	标准差	t 值	Sig（双侧）
水平一	城镇	1261	20.46	6.127	−1.368	0.171
	乡村	902	20.81	5.754		
水平二	城镇	1261	19.68	4.548	2.027*	0.043
	乡村	902	18.89	4.992		
水平三	城镇	1261	17.78	5.425	3.679**	0.000
	乡村	902	17.10	5.186		

注：* 表示 $p < 0.05$；** 表示 $p < 0.01$。

四、不同区域学生数学抽象能力数量关系维度各水平的数据分析

（一）不同区域学生数学抽象能力数量关系维度各水平的描述分析

从图 4-19 可以看出，受学生在整体纵向水平表现的影响，在数量关系维度，不同区域学生数学抽象能力的成绩随着其水平的升高依次降低，同一性别学生在水平一上得分最高，水平二次之，水平三得分最低。在水平一上，城镇学生的平均分低于乡村学生；在水平二与水平三上，城镇学生的平均分高于乡村学生，可以看出城镇学生在数量关系的高水平成绩好于乡村学生。在水平一上，城镇学生的平均分为 10.43 分，得分率为 69.53%；乡村学生的平均分为 10.69 分，得分率为 71.27%。不同区域学生在水平一上的总平均分为 10.56 分，平均得分率为 70.40%；不同区域学生平均分都超过 9 分，得分率均超过 60%，达到合格标准。在水平二上，城镇学生的平均分为 10.32 分，得分率为 68.80%；乡村学生的平均分为 9.70 分，得分率为 64.67%。不同区域学生在水平二上的总平均分为 10.01 分，平均得分率为 67.73%；不同区域学生平均分都超过 9 分，得分率均超过 60%，达到

合格标准。在水平三上，城镇学生的平均分为 9.53 分，得分率为 63.53%；乡村学生的平均分为 8.89 分，得分率为 59.27%。不同区域学生在水平三上的总平均分为 9.21 分，平均得分率为 61.40%；城镇学生平均分超过 9 分，得分率超过 60%，达到合格标准。乡村学生平均分低于 9 分，得分率不足 60%，未达到合格标准。此外，不同区域学生的总体平均分在数量关系维度的三个水平上均超过 9 分，得分率均超过 60%，达到合格标准。

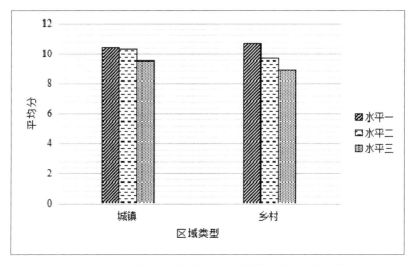

图 4-19　不同区域学生数学抽象能力数量关系维度各水平成绩分布

（二）不同区域学生数学抽象能力数量关系维度各水平的差异分析

为描述不同区域学生在数学抽象能力的数量关系维度在各纵向水平的差异性，对数据进行 t 检验，从表 4-29 中可以看出，在数量关系维度，对于水平一而言，城镇与乡村依变量检验 t 统计量达到显著水平（$t=-2.959$，$p=0.003<0.05$），表明不同区域学生在数学抽象能力水平一上存在显著差异；对于水平二而言，城镇与乡村依变量检验 t 统计量达到显著水平

（ $t=2.311$ ， $p=0.021<0.05$ ），表明不同区域学生在数学抽象能力水平二上存

~~在~~~~显著~~差异；对于水平三而言，城镇与乡村依变量检验 t 统计量达到显著水

~~平~~~~（~~~~t=~~~~，~~ $p=0.024<0.05$ ），表明不同区域学生在数学抽象能力水平三上

存在显著差异。

表 4-29   不同区域学生数学抽象能力数量关系维度在各纵向水平的差异分析

检验变量	区域	个数	平均数	标准差	t 值	Sig（双侧）
水平一	城镇	1261	10.43	3.172	-2.959**	0.003
	乡村	902	10.69	3.348		
水平二	城镇	1261	10.32	3.501	2.311*	0.021
	乡村	902	9.70	3.739		
水平三	城镇	1261	9.53	3.363	2.258*	0.024
	乡村	902	8.89	3.403		

注：* 表示 $p<0.05$ ；** 表示 $p<0.01$ 。

五、不同区域学生数学抽象能力空间图形维度各水平的数据分析
（一）不同区域学生数学抽象能力空间图形维度各水平的描述分析

从图 4-20 可以看出，在空间图形维度，不同区域学生数学抽象能力的
成绩随着其水平的升高依次降低，同一区域学生在水平一上得分最高，水
平二次之，水平三得分最低。在水平一上，城镇学生的平均分低于乡村学
生；在水平二与水平三上，城镇学生的平均分高于乡村学生，可以看出城
镇学生在空间图形的高水平成绩好于乡村学生。在水平一上，城镇学生的
平均分为 10.03 分，得分率为 66.87%；乡村学生的平均分为 10.12 分，得分
率为 67.47%。不同区域学生在水平一上的总平均分为 10.08 分，平均得分
率为 67.17%；不同区域学生平均分都超过 9 分，得分率均超过 60%，达到

合格标准。在水平二上，城镇学生的平均分为 9.36 分，得分率为 62.40%；乡村学生的平均分为 9.19 分，得分率为 61.27%。不同区域学生上的总平均分为 9.28 分，平均得分率为 61.83%；不同区域学生超过 9 分，得分率均超过 60%，达到合格标准。在水平三上，城镇学生的平均分为 8.25 分，得分率为 55.00%；乡村学生的平均分为 8.21 分，得分率为 54.73%。不同区域学生在水平三上的总平均分为 8.23 分，平均得分率为 54.87%；不同区域学生平均分低于 9 分，得分率不足 60%，未达到合格标准。此外，不同区域学生的总体平均分在空间图形维度的水平一、水平二上均超过 9 分，得分率均超过 60%，达到合格标准；在水平三上均低于 9 分，得分率不足 60%，未达到合格标准。

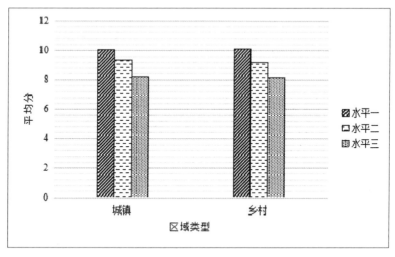

图 4-20 不同区域学生数学抽象能力空间图形维度各水平成绩分布

（二）不同区域学生数学抽象能力空间图形维度在各水平的差异分析

为描述不同区域学生在数学抽象能力的空间图形维度在各纵向水平的

差异性,对数据进行 t 检验,从表 4-30 中可以看出,在空间图形维度,对于水平一而言,城镇与乡村依变量检验 t 统计量达到显著水平($t=-2.954$,$p=0.003<0.05$),表明不同区域学生在数学抽象能力水平一上存在显著差异;对于水平二而言,城镇与乡村依变量检验 t 统计量未达到显著水平($t=0.631$,$p=0.528>0.05$),表明不同区域学生在数学抽象能力水平二上不存在显著差异;对于水平三而言,城镇与乡村依变量检验 t 统计量未达到显著水平($t=0.114$,$p=0.909>0.05$),表明不同区域学生在数学抽象能力水平三上不存在显著差异。

表 4-30 不同区域学生数学抽象能力空间图形维度在各纵向水平的差异分析

检验变量	区域	个数	平均数	标准差	t 值	Sig(双侧)
水平一	城镇	1261	10.03	3.172	-2.954**	0.003
	乡村	902	10.12	3.348		
水平二	城镇	1261	9.36	3.501	0.631	0.528
	乡村	902	9.19	3.739		
水平三	城镇	1261	8.25	3.363	0.114	0.909
	乡村	902	8.21	3.403		

注:* 表示 $p<0.05$;** 表示 $p<0.01$。

(三)研究结果小结

其一,城镇学生数学抽象能力的平均分高于乡村学生,城镇与乡村学生均达到合格标准,不同区域学生在数学抽象能力上存在显著差异。

其二,不同区域学生在数量关系维度的成绩均高于空间图形维度的成绩,两个维度上城镇学生的平均分要高于乡村学校的平均分。在数量关系与空间图形维度上,城镇、乡村学生均达到合格标准,学生总平均分也达到合格标准。不同区域学生在数量关系、空间图形维度上均不存在显著差异。

其三，不同区域类型学生数学抽象能力的成绩随着其水平的升高依次降低，同一区域学生在水平一上得分最高，水平二次之，水平三得分最低。在水平一上，城镇学生的平均分低于乡村学生；在水平二与水平三上，城镇学生的平均分高于乡村学生。在水平一、水平二上，城镇、乡村学生均达到合格标准；在水平三上，城镇、乡村学生均未达到合格标准。学生总体平均分在水平一、水平二上都达到合格标准，在水平三上未达到合格标准。不同区域学生在水平一上不存在显著差异，在水平二、水平三上存在显著差异。

其四，在数量关系维度上，两个区域学生数学抽象能力的成绩随着其水平的升高依次降低，同一性别学生在水平一上得分最高，水平二次之，水平三得分最低。在水平一上，城镇学生的平均分低于乡村学生；在水平二与水平三上，城镇学生的平均分高于乡村学生。在水平一、水平二上，城镇、乡村学生均达到合格标准。在水平三上，城镇学生达到合格标准，乡村学生未达到合格标准。学生总体平均分在三个水平上均达到合格标准。不同区域学生在三个水平上均存在显著差异。

其五，在空间图形维度上，两个区域学生数学抽象能力的成绩随着其水平的升高依次降低，同一性别学生在水平一上得分最高，水平二次之，水平三得分最低。在水平一上，城镇学生的平均分低于乡村学生；在水平二与水平三上，城镇学生的平均分高于乡村学生，在水平一、水平二上，城镇、乡村学生均达到合格标准；在水平三上，城镇、乡村学生均未达到合格标准。城镇、乡村学生总平均分在水平一、水平二上达到合格标准，在水平三上未达到合格标准。不同区域学生在水平一上存在显著差异，在水平二、水平三上不存在显著差异。

第五章 高中生数学抽象能力水平与课程标准一致性特征

通过第四章对高中生数学抽象能力水平测评结果的分析,我们得到了高中生数学抽象能力在不同学校、年级、性别、区域上的纵向水平的表现状况,本章内容分别从学校、年级、性别与区域四个方面对高中生数学抽象能力的实际水平与《课程标准(2017年版)》之间的要求水平进行比较,利用得分率来进一步刻画其一致性程度,其中完全达到《课程标准(2017年版)》要求的得分率视为100%,学生得分率越高,说明其相对应的能力水平就越高,[①]与《课程标准(2017年版)》之间的一致性程度就越大,通过分析一致性程度,进一步凝练其发展特征。

第一节 高中生数学抽象能力水平与课程标准一致性校际特征

一、不同学校学生数学抽象能力总体水平一致性特征

将各种类型学校学生数学抽象能力各水平的得分率进行统计,与《课

---

① 林玉慈.高中数学课程中的逻辑推理及教学策略研究[D]:[博士学位论文].长春:东北师范大学,2019.

程标准（2017 年版）》进行比较，如图 5-1 所示，在水平一上，薄弱学校学生得分率为 65%，中等学校学生的得分率为 75%，优质学校学生的得分率为 67%；在水平二上，薄弱学校学生的得分率为 63%，中等学校学生的得分率为 63%，优质学校学生的得分率为 66%；在水平三上，薄弱学校学生的得分率为 55%，中等学校学生的得分率为 57.67%，优质学校学生的得分率为 61.20%。通过得分率可以看出，薄弱学校中，学生在数学抽象能力水平一、水平二上与《课程标准（2017 年版）》之间的一致性程度超过 60%，而在水平三的一致性程度不足 60%；中等学校中，学生在数学抽象能力水平一上与《课程标准（2017 年版）》之间的一致性程度超过 70%，在水平二上的一致性程度超过 60%，而在水平三的一致性程度也不足 60%；优质学校中，学生在数学抽象能力的三个水平上与《课程标准（2017 年版）》的一致性程度均超过 60%。

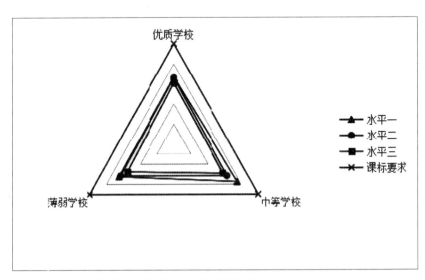

图 5-1　不同类型学校学生数学抽象能力总体水平与课标要求比较

下面判断不同类型学校学生在数学抽象能力各水平的达成状况,[①]如表5-1所示,薄弱学校与中等学校学生数学抽象能力整体发展水平均能够达到水平一、水平二,不能达到水平三;优质学校学生数学抽象能力整体发展水平达到水平三。

表5-1　不同类型学校学生数学抽象能力总体水平达成状况

学校类型	总体水平		
	水平一	水平二	水平三
薄弱学校	√	√	×
中等学校	√	√	×
优质学校	√	√	√

二、不同学校学生数学抽象能力数量关系水平一致性特征

将各种类型学校学生数学抽象能力数量关系各水平的得分率进行统计,与《课程标准(2017年版)》进行比较,如图5-2所示,在水平一上,薄弱学校学生的得分率为67%,中等学校学生的得分率为80%,优质学校学生的得分率为68%;在水平二上,薄弱学校学生的得分率为65%,中等学校学生的得分率为68%,优质学校学生的得分率为67%;在水平三上,薄弱学校学生的得分率为57%,中等学校学生的得分率为61%,优质学校学生的得分率为64%。通过得分率可以看出,薄弱学校中,学生在数学抽象能力数量关系维度的水平一、水平二上与《课程标准(2017年版)》之间的一致性程度超过60%,而在水平三的一致性程度不足60%;中等学校中,学生在数学抽象能力数量关系维度水平一上与《课程标准(2017年

---

① 本研究中采用总分的60%作为学生是否达到数学抽象能力各水平的标准。

版)》之间的一致性程度接近 80%，在水平二、水平三上的一致性程度均超过 60%；优质学校中，学生在数学抽象能力数量关系维度的三个水平上与《课程标准（2017 年版）》的一致性程度均超过 60%。

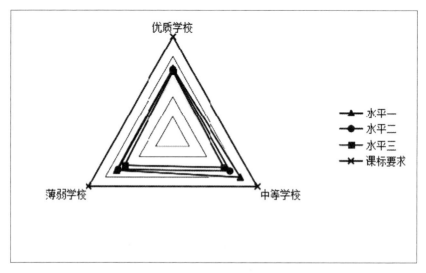

图 5-2 不同类型学校学生数学抽象能力数量关系水平与课标要求比较

下面判断不同类型学校学生在数学抽象能力数量关系维度各水平的达成状况，如表 5-2 所示，薄弱学校学生数学抽象能力数量关系维度整体发展水平均能够达到水平一、水平二，不能达到水平三；中等学校与优质学校学生数学抽象能力数量关系维度整体发展水平达到水平三。

表 5-2 不同类型学校学生数学抽象能力数量关系水平达成状况

学校类型	数量关系水平		
	水平一	水平二	水平三
薄弱学校	√	√	×

学校类型	数量关系水平		
	水平一	水平二	水平三
中等学校	√	√	√
优质学校	√	√	√

三、不同学校学生数学抽象能力空间图形水平一致性特征

将各种类型学校学生数学抽象能力空间图形各水平的得分率进行统计，与《课程标准（2017年版）》进行比较，如图 5-3 所示，在水平一上，薄弱学校学生的得分率为 63%，中等学校学生的得分率为 70%，优质学校学生的得分率为 66%；在水平二上，薄弱学校学生的得分率为 58%，中等学校学生的得分率为 67%，优质学校学生的得分率为 60%；在水平三上，薄弱学校学生的得分率为 53.47%，中等学校学生的得分率为 54.27%，优质学校学生的得分率为 57.40%。通过得分率可以看出，薄弱学校中，学生在数学抽象能力空间图形维度的水平一上与《课程标准（2017年版）》之间的一致性程度超过 60%，而在水平二、水平三的一致性程度不足 60%；中等学校中，学生在数学抽象能力数量关系维度水平一上与《课程标准（2017年版）》之间的一致性程度略超过 70%，在水平二上的一致性程度均超过 60%，在水平三上的一致性程度不足 60%；优质学校中，学生在数学抽象能力数量关系维度的水平一、水平二上与《课程标准（2017年版）》的一致性程度均超过 60%，而在水平三上的一致性程度不足 60%。

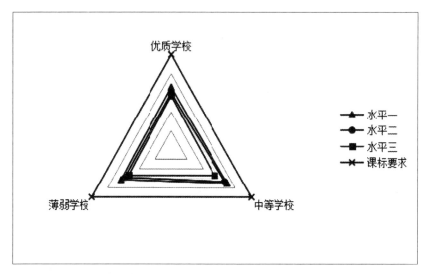

图5-3　不同类型学校学生数学抽象能力空间图形水平与课标要求比较

　　下面判断不同类型学校学生在数学抽象能力空间图形维度各水平的达成状况，如表5-3所示，薄弱学校学生数学抽象能力空间图形维度的整体发展水平均能够达到水平一，不能达到水平二、水平三；中等学校与优质学校学生数学抽象能力空间图形维度整体发展水平能够达到水平一、水平二，不能达到水平三。

表5-3　不同类型学校学生数学抽象能力空间图形水平达成状况

学校类型	空间图形水平		
	水平一	水平二	水平三
薄弱学校	√	×	×
中等学校	√	√	×
优质学校	√	√	×

第二节　高中生数学抽象能力与课程标准一致性年级特征

一、不同年级学生数学抽象能力总体水平一致性特征

将各年级学生数学抽象能力各水平的得分率进行统计，与《课程标准（2017 年版）》进行比较，如图 5-4 所示，在水平一中，高一年级学生的得分率为 67%，高二年级学生的得分率为 71%，高三年级学生的得分率为 69%；在水平二中，高一年级学生的得分率为 59%，高二年级学生的得分率为 66%，高三年级学生的得分率为 67%；在水平三中，高一年级学生的得分率为 56%，高二年级学生的得分率为 59%，高三年级学生的得分率为 60%。通过得分率可以看出，高一年级学生在数学抽象能力水平一上与《课程标准（2017 年版）》之间的一致性程度超过 60%，而在水平二、水平三的一致性程度不足 60%；高二年级学生在数学抽象能力水平一上与《课程标准（2017 年版）》之间的一致性程度超过 70%，在水平二上的一致性程度超过 60%，而在水平三的一致性程度也不足 60%；高三年级学生在数学抽象能力的水平一、水平二上与《课程标准（2017 年版）》的一致性程度均超过 60%，在水平三上一致性程度接近 60%。

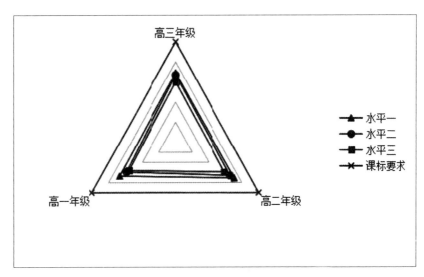

图 5-4 不同年级学生数学抽象能力总体水平与课标要求比较

下面判断不同年级学生在数学抽象能力各水平的达成状况，如表 5-4 所示，高一年级学生数学抽象能力的整体发展水平均能够达到水平一，不能达到水平二、水平三；高二年级与高三年级学生数学抽象能力整体发展水平能够达到水平一、水平二，不能达到水平三。

表 5-4 不同年级学生数学抽象能力总体水平达成状况

年级	总体水平		
	水平一	水平二	水平三
高一年级	√	×	×
高二年级	√	√	×
高三年级	√	√	×

二、不同年级学生数学抽象能力数量关系水平一致性特征

将各年级学生数学抽象能力数量关系维度各水平的得分率进行统计，与《课程标准（2017 年版）》进行比较，如图 5-5 所示，在水平一上，高一年级学生的得分率为 68%，高二年级学生的得分率为 75%，高三年级学生的得分率为 72%；在水平二上，高一年级学生的得分率为 63%，高二年级学生的得分率为 67%，高三年级学生的得分率为 70%；在水平三上，高一年级学生的得分率为 58%，高二年级学生的得分率为 62%，高三年级学生的得分率为 63%。通过得分率可以看出，高一年级学生在数学抽象能力数量关系维度水平一、水平二上与《课程标准（2017 年版）》之间的一致性程度超过 60%，而在水平三的一致性程度不足 60%；高二年级学生在数学抽象能力数量关系维度水平一上与《课程标准（2017 年版）》之间的一致性程度超过 70%，在水平二、水平三上的一致性程度超过 60%；高三年级学生在数学抽象能力数量关系维度的水平一上与《课程标准（2017 年版）》的一致性程度均超过 70%，在水平二上的一致性程度接近 70%，在水平三上的一致性程度超过 60%。

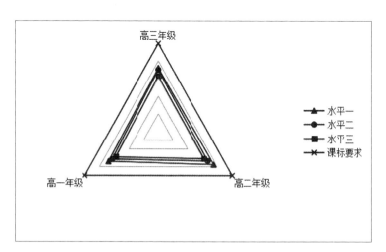

图 5-5　不同年级学生数学抽象能力数量关系水平与课标要求比较

下面判断不同年级学生在数学抽象能力数量关系维度的各水平的达成状况，如表 5-5 所示，高一年级学生数学抽象能力数量关系维度的整体发展水平均能够达到水平一、水平二，不能达到水平三；高二年级与高三年级学生数学抽象能力数量关系维度的整体发展水平能够达到水平一、水平二、水平三。

表 5-5　不同年级学生数学抽象能力数量关系水平达成状况

年级	数量关系水平		
	水平一	水平二	水平三
高一年级	√	√	×
高二年级	√	√	√
高三年级	√	√	√

三、不同年级学生数学抽象能力空间图形水平一致性特征

将各年级学生数学抽象能力空间图形维度各水平的得分率进行统计，与《课程标准（2017 年版）》进行比较，如图 5-6 所示，在水平一上，高一年级学生的得分率为 66%，高二年级学生的得分率为 67%，高三年级学生的得分率为 67%；在水平二上，高一年级学生的得分率为 55%，高二年级学生的得分率为 64%，高三年级学生的得分率为 65%；在水平三上，高一年级学生的得分率为 53%，高二年级学生的得分率为 56%，高三年级学生的得分率为 56%。通过得分率可以看出，高一年级学生在数学抽象能力空间图形维度水平一上与《课程标准（2017 年版）》之间的一致性程度超过 60%，而在水平二、水平三的一致性程度不足 60%；高二年级学生在数学抽象能力空间图形维度水平一、水平二上与《课程标准（2017 年版）》之间的一致性程度超过 60%，在水平三上的一致性程度不足 60%；高三年级学生在数学抽象能力空

间图形维度的水平一、水平二上与《课程标准（2017 年版）》的一致性程度均超过 60%，在水平三上的一致性程度不足 60%。

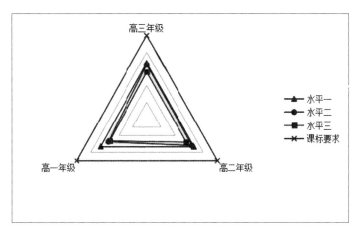

图 5-6　不同年级学生数学抽象能力空间图形水平与课标要求比较

下面判断不同年级学生在数学抽象能力空间图形维度各水平达成状况，如表 5-6 所示，高一年级学生数学抽象能力空间图形维度的整体发展水平均能够达到水平一，不能达到水平二、水平三；高二年级与高三年级学生数学抽象能力空间图形维度的整体发展水平能够达到水平一、水平二，不能达到水平三。

表 5-6　不同年级学生数学抽象能力空间图形水平达成状况

年级	空间图形水平		
	水平一	水平二	水平三
高一年级	√	×	×
高二年级	√	√	×
高三年级	√	√	×

第三节　高中生数学抽象能力与课程标准一致性性别特征

一、不同性别学生数学抽象能力总体水平一致性特征

将不同性别学生数学抽象能力各水平的得分率进行统计，与《课程标准（2017 年版）》进行比较，如图 5-7 所示，在水平一上，男生的得分率为 64%，女生的得分率为 65%；在水平二上，男生的得分率为 70%，女生的得分率为 68%；在水平三上，男生的得分率为 59%，女生的得分率为 57%。通过得分率可以看出，男生在数学抽象能力水平一上与《课程标准（2017 年版）》之间的一致性程度超过 60%，在水平二的一致性程度接近 70%，在水平三的一致性程度不足 60%；女生在数学抽象能力水平一、水平二上与《课程标准（2017 年版）》之间的一致性程度超过 60%，而在水平三的一致性程度也不足 60%。

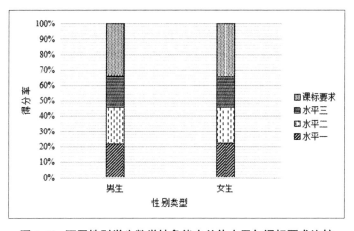

图 5-7　不同性别学生数学抽象能力总体水平与课标要求比较

下面判断不同性别学生在数学抽象能力各水平的达成状况，如表 5-7 所示，男生与女生的数学抽象能力的整体发展水平均能够达到水平一、水平二，不能达到水平三。

表 5-7 不同性别学生数学抽象能力总体水平达成状况

性别类型	总体水平		
	水平一	水平二	水平三
男生	√	√	×
女生	√	√	×

二、不同性别学生数学抽象能力数量关系水平一致性特征

将不同性别学生数学抽象能力数量关系维度各水平的得分率进行统计，与《课程标准（2017 年版）》进行比较，如图 5-8 所示，在水平一上，男生的得分率为 66%，女生的得分率为 68%；在水平二上，男生的得分率为 72%，女生的得分率为 70%；在水平三上，男生的得分率为 62%，女生的得分率为 60%。通过得分率可以看出，男生在数学抽象能力数量关系维度水平一、水平三上与《课程标准（2017 年版）》之间的一致性程度超过 60%，在水平二的一致性程度超过 70%；女生在数学抽象能力数量关系维度水平一上与《课程标准（2017 年版）》之间的一致性程度超过 60%，在水平二的一致性程度接近 70%，而在水平三的一致性程度略超过 60%。

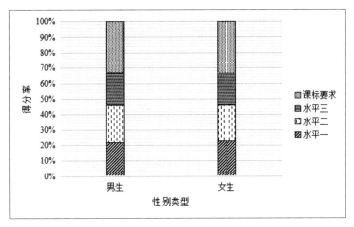

图 5-8　不同性别学生数学抽象能力数量关系水平与课标要求比较

下面判断不同性别学生在数学抽象能力数量关系的各水平的达成状况，如表 5-8 所示，男生与女生的数学抽象能力数量关系维度的整体发展水平均能够达到水平一、水平二、水平三。

表 5-8　不同性别学生数学抽象能力数量关系水平达成状况

性别类型	数量关系水平		
	水平一	水平二	水平三
男生	√	√	√
女生	√	√	√

三、不同性别学生数学抽象能力空间图形水平一致性特征

将不同性别学生数学抽象能力空间图形维度各水平的得分率进行统计，与《课程标准（2017 年版）》进行比较，如图 5-9 所示，在水平一上，男生的得分率为 62%，女生的得分率为 61%；在水平二上，男生的得分率为 67%，女生的得分率为 65%；在水平三上，男生的得分率为 56%，女生的得分率为 54%。通过

得分率可以看出，男生在数学抽象能力空间图形维度水平一、水平二上与《课程标准（2017 年版）》之间的一致性程度超过 60%，在水平三的一致性程度不足60%；女生在数学抽象能力空间图形维度水平一、水平二上与《课程标准（2017年版）》之间的一致性程度超过 60%，在水平三的一致性程度也不足 60%。

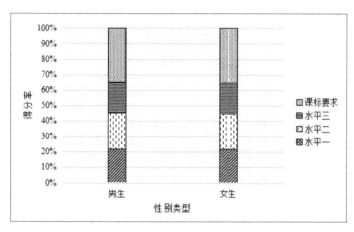

图 5-9　不同性别学生数学抽象能力空间图形水平与课标要求比较

下面判断不同性别学生在数学抽象能力空间图形维度各水平的达成状况，如表 5-9 所示，男生与女生的数学抽象能力空间图形维度的整体发展水平均能够达到水平一、水平二，不能达到水平三。

表 5-9　不同性别学生数学抽象能力空间图形水平达成状况

性别类型	空间图形水平		
	水平一	水平二	水平三
男生	√	√	×
女生	√	√	×

第四节 高中生数学抽象能力与课程标准一致性区域特征

一、不同区域学生数学抽象能力总体水平一致性特征

将不同区域学生数学抽象能力各水平的得分率进行统计，与《课程标准（2017 年版）》进行比较，如图 5-10 所示，在水平一上，城镇学生的得分率为 68%，乡村学生的得分率为 69%；在水平二上，城镇学生的得分率为 66%，乡村学生的得分率为 63%；在水平三上，城镇学生的得分率为 59%，乡村学生的得分率为 57%。通过得分率可以看出，城镇学生在数学抽象能力水平一、水平二上与《课程标准（2017 年版）》之间的一致性程度超过 60%，在水平三的一致性程度不足 60%；乡村学生在数学抽象能力水平一、水平二上与《课程标准（2017 年版）》之间的一致性程度超过 60%，而在水平三的一致性程度也不足 60%。

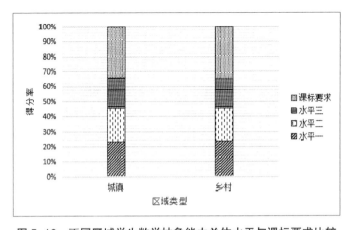

图 5-10 不同区域学生数学抽象能力总体水平与课标要求比较

下面判断不同区域学生在数学抽象能力各水平的达成状况，如表5–10
所示，城镇与乡村学生的数学抽象能力的整体发展水平均能够达到水平一、
水平二，不能达到水平三。

表 5–10 不同区域学生数学抽象能力总体水平达成状况

区域类型	总体水平		
	水平一	水平二	水平三
城镇	√	√	×
乡村	√	√	×

二、不同区域学生数学抽象能力数量关系水平一致性特征

将不同区域学生数学抽象能力数量关系维度各水平的得分率进行统计，
与《课程标准（2017年版）》进行比较，如图5–11所示，在水平一上，城
镇学生的得分率为69%，乡村学生的得分率为71%；在水平二上，城镇学
生的得分率为69%，乡村学生的得分率为64%；在水平三上，城镇学生的
得分率为63%，乡村学生的得分率为59%。通过得分率可以看出，城镇学
生在数学抽象能力数量关系维度水平一、水平二、水平三上与《课程标准
（2017年版）》之间的一致性程度均超过60%；乡村学生在数学抽象能力数
量关系维度水平一、水平二上与《课程标准（2017年版）》之间的一致性
程度超过60%，而在水平三的一致性程度不足60%。

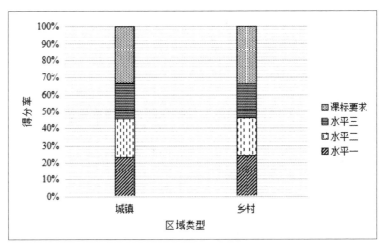

图 5-11　不同区域学生数学抽象能力数量关系水平与课标要求比较

下面判断不同区域学生在数学抽象能力数量关系维度各水平的达成状况，如表 5-11 所示，城镇学生的数学抽象能力数量关系维度的整体发展水平能够达到水平一、水平二、水平三，乡村学生的数学抽象能力数量关系维度的整体发展水平均能够达到水平一、水平二，不能达到水平三。

表 5-11　不同区域学生数学抽象能力数量关系水平达成状况

区域类型	数量关系水平		
	水平一	水平二	水平三
城镇	√	√	√
乡村	√	√	×

三、不同区域学生数学抽象能力空间图形水平一致性特征

将不同区域学生数学抽象能力空间图形维度各水平的得分率进行统计，与《课程标准（2017 年版）》进行比较，如图 5-12 所示，在水平一上，城

镇学生的得分率为 67%，乡村学生的得分率为 67%；在水平二上，城镇学生的得分率为 62%，乡村学生的得分率为 61%；在水平三上，城镇学生的得分率为 55%，乡村学生的得分率为 55%。通过得分率可以看出，城镇学生在数学抽象能力空间图形维度水平一、水平二上与《课程标准（2017年版）》之间的一致性程度均超过 60%，在水平三上的一致性程度不足 60%；乡村学生在数学抽象能力数量关系维度水平一、水平二上与《课程标准（2017年版）》之间的一致性程度超过 60%，而在水平三的一致性程度也不足 60%。

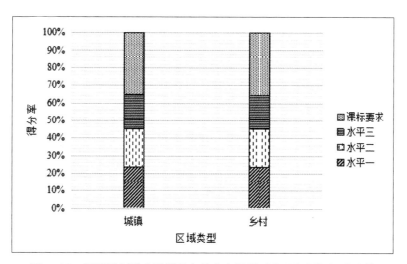

图 5-12　不同性别学生数学抽象能力空间图形水平与课标要求比较

下面判断不同区域学生在数学抽象能力空间图形维度各水平的达成状况，如表 5-12 所示，城镇与乡村学生的数学抽象能力空间图形维度的整体发展水平能够达到水平一、水平二，不能达到水平三。

表 5-12　不同区域学生数学抽象能力空间图形水平达成状况

区域类型	空间图形水平		
	水平一	水平二	水平三
城镇	√	√	×
乡村	√	√	×

第六章 研究结论、反思与展望

第一节 研究结论

一、高中生数学抽象能力测评框架的构建

本研究基于《课程标准（2017年版）》，充分考虑高中生数学抽象能力的表现形式，结合高中生认知水平，选择概念规则、数学命题与思想方法作为主题内容，观照数量关系与空间图形两个横向维度，借助《课程标准（2017年版）》中数学抽象素养的三个纵向水平，形成数学抽象能力的测评框架，如表6-1所示。

表6-1 高中生数学抽象能力测评框架指标描述

表现形式	纵向水平	横向维度	
		数量关系	空间图形
概念规则	水平一	能够在熟悉的情境中直接抽象出数学概念和规则，并解释数学概念和规则的含义，结合实际情境解释相关抽象概念	
	水平二	能够在关联的情境中抽象出一般的数学概念与规则，用恰当的例子解释抽象的数学概念与规则，能够使用一般的概念解释具体现象，理解用数学语言表达的概念与规则	
	水平三	能够通过数学对象、运算或关系理解数学的抽象结构，把握研究对象的数学特征并用数学语言予以表达，能够利用数学原理解释自然现象和社会现象	

表现形式	纵向水平	横向维度	
		数量关系	空间图形
数学命题	水平一	能够在特例的基础上归纳并形成简单的数学命题，了解数学命题的条件与结论，了解用数学语言表达的推理和论证	
	水平二	能够将已知的数学命题推广到更一般的情形，理解数学命题的条件与结论，能够理解用数学语言表达的推理和论证	
	水平三	能够在得到的数学结论基础上形成新的数学命题，能够理解数学结论的一般性	
思想方法	水平一	能够在熟悉的情境中抽象出数学问题，模仿学过的数学方法解决简单问题，在解决相似问题过程中，感悟数学的通性通法，体会其中的数学思想	
	水平二	能在新的情境中选择和运用数学方法解决问题，能够提炼出解决一类问题的数学方法，理解其中的数学思想	
	水平三	能够在综合情境中抽象出数学问题，并用恰当的数学语言予以表达，对具体的问题运用或创造数学方法解决问题，能够感悟数学通性通法的原理和其中蕴含的数学思想	

二、高中生数学抽象能力的发展水平表现一般

从测试成绩来看，高中生数学抽象能力实然发展水平表现一般，下面从校际、年级、性别、区域四个方面进行阐述。

从不同类型学校来看，三种类型学校学生数学抽象能力存在显著性差异，优质学校学生表现好于中等学校，中等学校学生表现好于薄弱学校。三种类型学校学生对数量关系抽象的表现要好于对空间图形的抽象，在数量关系上，中等学校学生表现好于优质学校，优质学校学生表现好于薄弱学校；在空间图形上，优质学校学生表现好于中等学校，中等学校学生表现好于薄弱学校，可以看出，中等学校学生更擅长数量关系的抽象，而优

质学校的学生更擅长空间图形的抽象。

从在不同年级来看，三个年级学生数学抽象能力存在显著性差异，随着年级的增长学生数学抽象能力有所提升，高三年级学生表现略好于高二年级，高二年级学生表现远远好于高一年级。三个年级学生对数量关系抽象要好于对空间图形的抽象，三个年级学生对数量关系的抽象均达合格水平，而高一年级学生对空间图形的抽象未达到合格标准。

从不同性别来看，男生与女生数学抽象能力存在显著性差异，男生的表现略好于女生，不同性别学生对数量关系的抽象存在显著差异，男生和女生对数量关系抽象要好于对空间图形的抽象。

从不同区域来看，城镇与乡村学生数学抽象能力存在显著性差异，城镇学生表现略好于乡村，不同区域学生对数量关系与空间图形的抽象均不存在显著差异，城镇学生和女生对数量关系抽象要好于对空间图形的抽象。

三、高中生数学抽象能力具备三个特征

根据学生可能达到的水平，将高中生数学抽象能力凝练成三个特征，如表 6-2 所示，达到水平一所具备的特征是归纳与释义，即在情境中抽象并解释数学概念，基于特例归纳简单命题，能发现情境中的数学问题；达到水平二所具备的特征是关联与构建，即将数学命题推广至一般形式，理解并构建数学知识之间的联系，能利用适切语言进行数学表达；达到水平三所具备的特征是拓展与普适，即在获得的数学结论上拓展出新的命题，能够创造通性通法解决数学问题。

表 6-2　高中生数学抽象能力的基本特征

特征	水平		
	水平一	水平二	水平三
归纳与释义	√	×	×
关联与构建	√	√	×
拓展与普适	√	√	√

根据以上所凝练的特征，下面从学校、年级、性别、区域四个方面对学生数学抽象能力的特征进行阐述。

从不同学校类型来看，中等学校与薄弱学校学生数学抽象能力表现出归纳与释义、关联与构建两个特征，而优质学校学生表现出归纳与释义、关联与构建、拓展与普适三个特征。对数量关系的抽象，薄弱学校学生表现出归纳与释义特征，中等学校与优质学校学生表现出归纳与释义、关联与构建、拓展与普适三个特征，对空间图形的抽象，薄弱学校学生表现出归纳与释义特征，中等学校与优质学校学生表现出归纳与释义、关联与构建两个特征。

从不同学校类型来看，高一年级学生数学抽象能力表现出归纳与释义特征，高二年级与高三年级学生表现出归纳与释义、关联与构建两个特征。对数量关系的抽象，高一年级学生表现出归纳与释义、关联与构建两个特征，高二年级与高三年级学生表现出归纳与释义、关联与构建、拓展与普适三个特征，对空间图形的抽象，高一年级学生表现出归纳与释义特征，高二年级与高三年级学生表现出归纳与释义、关联与构建、拓展与普适三个特征。

从不同性别来看，男生与女生的数学抽象能力均表现出归纳与释义、关联与构建两个特征。对数量关系的抽象，男生与女生表现出归纳与释义、关联与构建、拓展与普适三个特征，对空间图形的抽象，男生与女生表现出归纳与释义、关联与构建两个特征。

从不同区域来看，城镇与乡村学生的数学抽象能力均表现出归纳与释义、关联与构建两个特征。对数量关系的抽象城镇学生表现出归纳与释义、关联与构建、拓展与普适三个特征，乡村学生表现出归纳与释义、关联与构建两个特征，对空间图形的抽象，城镇与乡村学生均表现出归纳与释义、关联与构建两个特征。

四、高中生数学抽象能力各水平的一致性程度参差不齐

将学生数学抽象能力的实际发展水平与《课程标准（2017 年版）》进行比较，描述其一致性程度，下面从学校、年级、性别、区域四个方面对学生数学抽象能力发展水平与《课程标准（2017 年版）》之间的一致性程度进行阐述。

从不同类型学校来看，三种类型学校学生在数学抽象能力水平一、水平二上与《课程标准（2017 年版）》之间的一致性程度超过 60%，优质学校学生在水平三上的一致性程度超过 60%，中等学校与薄弱学校低于 60%；对于数量关系而言，三种类型学校学生在水平一、水平二上与《课程标准（2017 年版）》之间的一致性程度超过 60%，薄弱学校学生在水平三上一致性程度低于 60%，中等学校与优质学校学生在水平三上的一致性程度超过 60%；对于空间图形而言，三种类型学校学生在水平一上《课程标准（2017 年版）》之间的一致性程度均超过 60%，中等学校与优质学校学生在水平二上的一致性程度超过 60%，三种类型学校在水平三上的一致性程度均低于 60%。

从不同年级来看，三个年级学生在数学抽象能力的水平一上与《课程标准（2017年版）》之间的一致性程度均超过60%，高二年级、高三年级学生在水平二上的一致性程度均超过60%，三个年级学生在水平三上的一致性程度均低于60%；对于数量关系而言，三个年级学生在水平一、水平二上与《课程标准（2017年版）》之间的一致性程度均超过60%，高一年级、高二年级在水平三上的一致性程度均不足60%，高三年级学生在水平三上的一致性程度超过60%；对于空间图形而言，三个年级学生在水平一上与《课程标准（2017年版）》之间的一致性程度均超过60%，高二年级、高三年级在水平二上的一致性程度均超过60%，三个年级学生在水平三上的一致性程度均不足60%。

从性别类型来看，男生与女生在数学抽象能力水平一、水平二上与《课程标准（2017年版）》之间的一致性程度均超过60%，在水平三的一致性程度均低于60%；对于数量关系而言，男生与女生在三个水平上与《课程标准（2017年版）》的一致性程度均超过60%；对于空间图形而言，男生与女生在水平一、水平二上与《课程标准（2017年版）》之间的一致性程度均超过60%，在水平三的一致性程度均低于60%。

从区域类型来看，两种区域的学生在数学抽象能力水平一、水平二上与《课程标准（2017年版）》之间的一致性程度均超过60%，在水平三的一致性程度均低于60%；对于数量关系而言，两种区域学生在水平一、水平二上与《课程标准（2017年版）》之间的一致性程度均超过60%，乡村学生在水平三的一致性程度低于60%；对于空间图形而言，两种区域学生在水平一、水平二上与《课程标准（2017年版）》之间的一致性程度均超过60%，在水平三上的一致性程度均低于60%。

第二节 研究反思

一、研究的创新

本研究从研究视角与研究框架两个方面进行了突破：

（一）研究视角创新

现有研究多以"学生数学关键能力应然状态"为视角，易陷入"知识本位"与"能力本位"的冲突中，本研究基于数学学科核心素养，以数学抽象素养为载体，聚焦数学抽象能力，关注其发展水平与《课程标准（2017 年版）》之间的一致性分析。

（二）研究框架创新

本研究构建"3+3+2"测评框架，即涵盖概念规则、数学命题与思想方法三个主题内容，借助《课程标准（2017 年版）》中数学抽象素养的三个纵向水平，观照数量关系与空间图形两个横向维度。

二、研究的局限

教育研究难以面面俱到，本研究聚焦于高中生数学关键能力中的数学抽象能力，尝试测量了高中生数学抽象能力的实然水平，并将其与《课程标准（2017 年版）》中所要求的水平进行比较，分析两者之间的一致性程度。由于时间仓促，个人研究水平有限，导致研究存在局限，这是后续研究可以完善的内容。

（一）研究内容的局限

本研究旨在讨论高中生数学关键能力发展水平与《课程标准（2017 年

版）》之间的一致性程度，但是，由于时间与精力有限，通过分析，只选择数学抽象能力进行研究，而未能对高中生其他数学关键能力进行系统研究。

（二）研究样本的局限

本研究以高中阶段学生的数学抽象能力进行测评，由于时间有限，只能用不同年级学生数学抽象能力的实然水平来代表学生在不同阶段的水平，另外，为保证研究的可行性，样本在河北省五个城市的不同层次学校进行选取，样本容量偏小。

三、研究的启示

通过对高中生数学抽象能力发展水平与《课程标准（2017 年版）》之间的一致性研究，可以得到如下启示：第一，高中生数学抽象能力要引起重视。研究发现学生的数学抽象能力表现一般，这可能与教师在教学过程中的重视程度不够有关，数学抽象是需要在教学过程中形成和提升的，例如数学概念的获得，其中就蕴含数学抽象能力，如何帮助学生形成抽象的数学概念，是需要技巧的。因此，在教学过程中要注重培养学生数学抽象能力的意识，此外，在评价中也要注重对其考察，在 2019 年的数学高考中，对数学抽象能力的考核并不多，而数学抽象作为数学关键能力，应该在权威评价侧重考察。第二，学生数学抽象能力要注重差异。这是由学生数学抽象能力的特征决定的。由于学生学校差异、年级差异、性别差异与区域差异，[①] 在数学抽象能力的表现各不相同，在数学抽象能力的两个维度上的发展也不均衡。因此，在数学抽象能力培养过程中，要充分考虑不同水平、不同层次、不同内容的数学抽象能力的培养，根据学生实然状况，选择有针对性的培养策略。

---

① 李艳红.教育心理学[M].北京：中国社会科学出版社，2012.

第三，学生数学抽象能力要依托标准。学生数学抽象能力的发展水平与《课程标准（2017 年版）》之间的一致性参差不齐，而随着考试大纲的取消，《课程标准（2017 年版）》将在高考中发挥重要指引作用，无论是培养还是考试命题，都应该关注到两者之间的一致性问题。

第三节　研究展望

　　关于数学关键能力的研究，是数学教育领域的热点问题，也是一线教师在教学中亟待解决的问题。以上研究才刚刚起步，选取了数学抽象能力开展研究，由于时间与本人能力所限，其中必有不完善与待完善之处，未来研究工作可以从以下三个方面继续开展，并对高中生数学关键能力进行系统的、全面的、深入的探究。第一，完善高中生其他数学关键能力的讨论，本研究只是聚焦于数学抽象能力，研究了高中生数学抽象能力发展水平与《课程标准（2017 年版）》之间的一致性问题，还有逻辑推理能力、数学建模能力、数据分析能力、数学运算能力、直观想象能力，有待后续的研究对其补充与完善；第二，从教师的视角来研究数学抽象能力，本研究是从学生视角来对其数学抽象能力发展水平的测评，并得到系列结论，后续可以从教师视角，针对学生的表现，对高中生数学抽象能力培养的教学策略选择与应用进行研究；第三，以提高学生数学关键能力为目标导向的课程开发与评价的相关研究，聚焦学生数学关键能力的发展，如何建设行之有效的数学课程，并对其进行合理评价，也是教育领域关心的问题，因此，可以以此开展一系列的研究。

参考文献

一、中文参考文献

（一）中文著译

[1] 曹一鸣，张生春，王振平．数学教学论（第 2 版）[M].北京：北京师范大学出版社，2019.

[2] 陈琦，刘儒德．当代教育心理学 [M].北京：北京师范大学出版社，2007.

[3] 陈向明．教育研究方法 [M].北京：教育科学出版社，2013.

[4] 杰克·R.弗林克尔，诺曼·E.瓦伦．教育研究的设计与评估（第四版）[M].北京：华夏出版社，2004.

[5] 课程教材研究所．20 世纪中国中小学课程标准·教学大纲汇编（数学卷）[M].北京：北京师范大学出版社，1999.

[6] 雷新勇．大规模教育考试：命题与评价 [M].上海：华东师范大学出版社，2006.

[7] 李士锜．PME：数学教育心理 [M].上海：华东师范大学出版社，2001.

[8] 李文林．数学史概论（第二版）[M].北京：高等教育出版社，2008.

[9] 李艳红．教育心理学 [M].北京：中国社会科学出版社，2012.

[10] 马云鹏，孔凡哲，张春莉．数学教育测量与评价 [M].北京：北京师

范大学出版社，2009.

[11] 裴娣娜.教育研究方法导论[M].合肥：安徽教育出版社，1995.

[12] 皮亚杰，加西亚.走向一种意义的逻辑[M].李其维译.上海：华东师范大学出版社，2005.

[13] 钱佩玲.数学思想方法与中学数学（第二版）[M].北京：北京师范大学出版社，2008.

[14] 全美数学教师理事会.美国学校数学教育的原则和标准[M].北京：人民教育出版社，2004.

[15] 邵瑞珍主编.教育心理学[M].上海：上海教育出版社，1988.

[16] 史宁中.数学思想概论（第1辑）：数量与数量关系的抽象[M].长春：东北师范大学出版社，2015.

[17] 王永春.小学数学与数学思想方法[M].上海：华东师范大学出版社，2014：13.

[18] 吴明隆.问卷统计分析实务——SPSS操作与应用[M].重庆：重庆大学出版社，2010.

[19] 解恩泽，徐本顺.数学思想方法[M].济南：山东教育出版社，1989.

[20] 徐利治.数学方法论选讲[M].武汉：华中理工大学出版社，2000.

[21] 喻平.数学教学心理学[M].北京：北京师范大学出版社，2010.

[22] 约翰·B.比格斯，凯文·F.卡利斯.学习质量评价：SOLO分类理论（可观察的学习成果结构）[M].高凌飚，张洪岩译.北京：人民教育出版社，2010.

[23] 中华人民共和国教育部.普通高中数学课程标准（2017年版）[S].北京：北京师范大学出版社，2018.

[24] 中华人民共和国教育部 . 普通高中数学课程标准（实验）[M]. 北京：人民教育出版社，2003.

[25] 中华人民共和国教育部 . 义务教育数学课程标准（2011 年版）[S]. 北京：北京师范大学出版社，2012.

（二）中文期刊

[1] 鲍建生 . 关于数学能力的几点思考 [J]. 人民教育，2014（5）：48-51.

[2] 蔡金法，徐斌艳 . 也论数学核心素养及其构建 [J]. 全球教育展望，2016（11）：3-12.

[3] 曹培英 . 小学数学学科核心素养及其培育的基本路径 [J]. 课程教材教法，2017（2）：74-79.

[4] 曹一鸣，刘坚 . 促进学生数学核心素养与关键能力发展的教学研究 [J]. 中小学课堂教学研究，2017（4）：3-6.

[5] 曹一鸣，刘晓婷，郭衎 . 数学学科能力及其表现研究 [J]. 教育学报，2016（4）：73-78.

[6] 常磊，鲍建生 . 情境视角下的数学核心素养 [J]. 数学教育学报，2017（2）：24-28.

[7] 陈金萍 . 布尔巴基学派及其结构主义 [J]. 中学数学研究，2004（4）：44-45.

[8] 杜宵丰，吝孟蔚，黄迪 . 八年级学生数学能力测评及教学建议——基于八万名学生几何典型错例分析 [J]. 教育测量与评价，2014（12）：35-39，54.

[9] 核心素养研究课题组 . 中国学生发展核心素养 [J]. 中国教育学刊，2016（10）：1-3.

[10] 胡秀 . 浅谈高中生数学抽象能力的理解及培养 [J]. 数学教学通讯，2017（11）：61–62.

[11] 黄翔，童莉，沈林 . 从高中数学新课标看数学实践能力的培养 [J]. 课程教材教法，2018（8）：75–79.

[12] 黄友初 . 从 PME 视角看数学抽象素养及其培养 [J]. 教育研究与评价（中学教育教学），2017（2）：13–18.

[13] 孔凡哲，史宁中 . 中国学生发展的数学核心素养概念界定及养成途径 [J]. 教育科学研究，2017（6）：5–11

[14] 李昌官 . 数学抽象及其教学 [J]. 数学教育学报，2017（4）：61–64.

[15] 李星云 . 论小学数学核心素养的构建——基于 PISA2012 的视角 [J]. 课程教材教法，2016（5）：72–78.

[16] 李星云 . 论小学数学核心素养生成的教学策略 [J]. 内蒙古师范大学学报（教育科学版），2018（1）：113–117.

[17] 李颖 ，谢思诗 . 中德两国高中生数学能力的分析及比较 [J]. 教育探索，2015（12）：153–157.

[18] 刘静祎 . 高中数学教学中培养学生数学思维能力的实践研究 [J]. 中国校外教育，2018（8）：123.

[19] 马云鹏 . 小学数学核心素养的内涵与价值 [J]. 小学数学教育，2015（9）：3–5.

[20] 马云鹏 . 关于数学核心素养的几个问题 [J]. 课程教材教法，2015（9）：36–39.

[21] 吕世虎，吴振英 . 数学核心素养的内涵及其体系构建 [J]. 课程教材教法，2017（9）：12–17.

[22] 任子朝，陈昂，赵轩 . 数学核心素养评价研究 [J]. 课程教材教法，

2018（5）：116-121.

[23] 史宁中 . 高中数学核心素养的培养、评价与教学实施 [J]. 中小学教材教学，2017（5）：4-9.

[24] 史宁中 . 数学的抽象 [J]. 东北师大学报（哲学社会科学版），2008（5）：169-181.

[25] 史亚娟，华国栋 . 中小学生数学能力的结构及其培养 [J]. 教育学报，2008（3）：36-40.

[26] 孙成成，胡典顺 . 数学核心素养：历程、模型及发展路径 [J]. 教育探索，2016（12）：27-30.

[27] 孙以泽 . 数学能力的成分及其结构 [J]. 南京晓庄学院学报，2003（2）：97-99.

[28] 田金婷，朱强忠 . 基于高考数据的高中生数学能力性别差异研究 [J]. 教育测量与评价，2015（2）：35-39.

[29] 武小鹏，张怡 . "数学核心素养"内涵的再认识 [J]. 上海教育科研，2018（7）：16-20.

[30] 武丽莎，朱立明 . 新课标背景下数学核心素养的理论意蕴与实践要求 [J]. 天津师范大学学报（基础教育版），2018（2）：32-36.

[31] 夏华 . 核心素养下数学抽象能力聚焦——以抽象函数学习为例 [J]. 数学教学通讯，2017（15）：40-41.

[32] 徐斌艳，蔡金法 . 关于数学素养测评及其践行 [J]. 全球教育展望，2017（9）：13-24.

[33] 徐斌艳 . 旨在诊断与改进教学的数学学科能力测评分析——来自德国的实践 [J]. 全球教育展望，2011（12）：78-83.

[34] 杨九诠 .1978—2018 年：中国课程改革当代史 [J]. 课程教材教法，

2018（10）：11−19.

[35] 杨奇 . 论基础教育阶段数学核心素养的内涵与价值 [J]. 中学数学教学参考，2017（1−2）：4−5,8.

[36] 杨志成 . 核心素养的本质追问与实践探析 [J]. 教育研究，2017（7）：14−20.

[37] 喻平 . 论数学命题的学习 [J]. 数学教育学报，1999，8（4）：2−6,19.

[38] 喻平 . 数学核心素养的培养：知识分类视角 [J]. 教育理论与实践，2018（17）：3−6.

[39] 喻平 . 数学核心素养评价的一个框架 [J]. 数学教育学报，2017（2）：19−23.

[40] 喻平 . 数学关键能力测验试题编制：理论与方法 [J]. 数学通报，2019（12）：1−7.

[41] 张奠宙 . 解放思想，也来说说数学核心素养 [J]. 中学数学教学参考，2017（4）：2, 12.

[42] 张晋宇，姜慧慧，谢海燕 . 数学表征与变换能力的评价指标体系研究综述 [J]. 全球教育展望，2016（11）：13−21.

[43] 张晋宇，马文杰，鲍建生 . 数学核心素养系统的演化、结构和功能 [J]. 基础教育，2017（6）：67−74.

[44] 张胜利，孔凡哲 . 数学抽象在数学教学中的应用 [J]. 教育探索，2012（1）：68−69.

[45] 郑毓信 . 数学教育视角下的"核心素养" [J]. 数学教育学报，2016（3）：1−5.

[46] 周淑红，王玉文 . 小学数学核心素养的特质与建构 [J]. 数学教育学

报，2017（3）：57-61.

[47] 庄惠芬．聚焦多个维度，培养儿童的数学学科核心素养 [J].江苏教育（小学教学），2016（1）：34-36.

[48] 朱立明．基于深化课程改革的数学核心素养体系构建 [J].中国教育学刊，2016（5）：76-80.

[49] 朱立明．高中生数学关键能力研究的追溯与前瞻 [J].天津师范大学学报（基础教育版），2019（4）：32-35.

[50] 朱立明．高中生数学关键能力测评指标体系的构建 [J].课程教材教法，2020（3）：34-42.

[51] 朱立明．数学关键能力测评：价值、困境与突破 [J].教育理论与实践，2020（5）：49-52.

[52] 朱立明，冯用军，马云鹏．论深度学习的教学逻辑 [J].教育科学，2019（3）：14-20.

[53] 朱立明，韩继伟．高中"数与代数"领域的核心内容群：函数——基于核心内容群内涵、特征及其数学本质的解析 [J].中小学教师培训，2015（7）：40-43.

[54] 朱立明，马云鹏．基于新课标学生数学价值感悟研究 [J].数学教育学报，2014，33（5）：33-35，55.

[55] 朱立明，马云鹏．核心素养：敢问路在何方 [J].全球教育展望，2019（3）：3-10.

[56] 朱立明，马云鹏，胡洪强．数学核心素养的理解与生成路径——以高中数学课程为例 [J].数学教育学报，2018（1）：42-46.

[57] 朱菊花．语言理解·逻辑推理·问题解决——例谈高中数学能力培养的三个基本点 [J].数学教学通讯，2018（5）：26-27.

（三）学位论文

[1] 邓杰.高二学生数学抽象素养现状的测评研究 [D]：[硕士学位论文].武汉：华中师范大学，2018.

[2] 林玉慈.高中数学课程中的逻辑推理及教学策略研究 [D]：[博士学位论文].长春：东北师范大学，2019.

[3] 唐秦.高中生数学抽象能力的评价研究 [D]：[硕士学位论文].苏州：苏州大学，2017.

[4] 王瑾.小学数学课程中归纳推理的理论与实践研究 [D]：[博士学位论文]，长春：东北师范大学，2011.

二、英文参考文献
（一）英文著译

[1] Dienes Z P.An experimental study of mathematics learning [M].Hutchinson,1963.

[2] Howard E. Gruber. & Vonèche. The Essential Piaget[M]. New York: Basic Books.1977:456-464.

[3] Hughes,A.Testing for Language Teachers [M].Beijing: Foreign Language Teaching and Research Press.2000.

[4] Patton,M.Q.Qualitative evaluation and research methods (20d edition) [M]. Thousand Oaks,Calif.:Sage.1990.

[5] Piaget J.Recherches sur l'abstraction réfléchissante[M].Paris:Presses Universitaires de France,1997.

[6] Skemp R R.The Psychology of learning mathematics[M].Penguin Books,1986:319.

[7] Weinert.F.E.Leistungsmessung in Schulen[M]. Weinheim and Basel:Beltz.2003: 17-23.

（二）期刊论文

[1] Dreyfus T,Hershkowitz R,Schwarz B.The construction of abstract knowledge in interaction[C]//Proceedings of the 25th conference of the International Group for the Psychology of Mathematics Education,2001(2):377-384.

[2] Dreyfus,T.,Hershkowitz,R.,& Schwarz,B.The Construction of Abstract Knowledge in Mitchelmore M,White P.Abstraction in mathematics:Conflict,resolution and application[J].Mathematics Education Research Journal,1995,7(1):50-68.

[3] Gray E,Tall D.Abstraction as a natural process of mental compression[J]. Mathematics Education Research Journal,2007,19(2):23-40.

[4] Hong J Y,Kim M K.Mathematical Abstraction in the Solving of Ill-Structured Problems by Elementary School Students in Korea[J].Eurasia Journal of Mathematics Science & Technology Education,2016(12):267-281.

[5] Kaiser H F.Little Jiffy,Mark IV [J].Educational and Psychological Measurement, 1974,(34):111-117.

[6] Mitchelmore M, White P. Abstraction in mathematics and mathematics learning[J].International Group for Psychology of Mathematics Education, 2004,19(2):8

[7] Noss R,Hoyles C.Windows on Mathematical Meanings?[J].Mathematics Education Library,1996,17(4):380.Interaction[C]//Proceedings of the 25th conference of the International Group for the Psychology of Mathematics

Education. 2001(2):377-384.

（三）网络资源

[1] Common Core State Standards Initiative. Common Core State Standards for Mahtematics [EB/OL]. http: //www.corestandards.org/assets/CCSSI_Math%20Standards.pdf,2012.2013-01-01.

[2] Mogens Niss.Mathematical Competencies and the Learning of Mathematics:The Danish KOM Project [EB/OL].http://w3.msi.vxu.se/users/hso/aaa_niss.pdf.2011.2013-01-01.

[3] Programme for International Student Assessment.The PISA2003 Assessment Framework:Mathematics,Reading,Science and Problem Solving Knowledge and Skills [EB/OL].http://www.pisa.oecd.org/document/29/0,3746,ed_32252351_32236172_33694301_1_1_1_1,00.html,2011.2013-01-01.

[4] The Australian Curriculum, Assessment and Reporting Authority(ACARA)The Australian Curriculum General Capabilities [EB/OL]. http://www.australiancurriculum.edu.au/ Mathematics/ General-capabilities, 2012.2013-01-01.

附　录

附录一　专家访谈提纲

一、在以人文本的教育理念下，我们更注重学生素养的培养，尤其是《课程标准（2017 年版）》提出后，数学学科核心素养成为数学教育教学的"指挥棒"，您认为数学抽象能力与数学学科核心素养之间的关系是怎样的？

二、您认为数学抽象能力可以从哪些维度来理解和描述数学关键能力？包含哪些观测指标？维度的选择应该注意哪些条件或者原则？

三、您认为高中数学课程中哪些内容可以蕴含数学抽象能力？在教学中如何设计，能够更好地培养学生的数学抽象能力？

四、您认为数学抽象能力的评价如何与《数学课程标准（2017 年版）》中数学学科核心素养建立关系？

五、在《课程标准（2017 年版）》中描述了数学抽象素养的水平，您认为哪些水平可以描述数学抽象能力？

附录二　高中生数学抽象能力测评试卷

高中生数学抽象能力测评试卷

学校:_____年级:_____

城镇: 城市 □　　乡镇 □　　性别:_____

同学们,感谢你的答卷,这是一份关于数学抽象能力的测评问卷,请你认真看完题目后按要求实事求是地回答。测试的结果仅供我们研究使用,与你的数学学习成绩无关。谢谢合作!

1. 你认为 $f(x) = \begin{cases} 1, & x为有理数 \\ 0, & x为无理数 \end{cases}$ 是不是函数,请说明理由。

2. 请用尽可能多的方式解释导数的概念。

3. 试观察下面四个函数图像,回答有关问题:

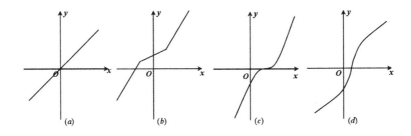

（1）这四个图像有什么共同的特征？

（2）试用数学符号刻画这种特征 [即：若函数 $f(x)$ 的图像满足 (1) 中的特征，则需要满足什么要求]。

4. 下表是某地农业监测部门统计的今年前两个季度生猪的收购价格与养殖成本（元 / 斤）：

月 份	1	2	3	4	5	6	7	8
收购价格	6	7	6.3	5	5.8	7.1	6	5.2
养殖成本	3	4.1	4.6	5	6.8	5.6	5.8	6.1

现打算从以下四个函数模型中选择适当的函数模型，分别来拟合今年生猪收购价格、养殖成本与相应月份之间的函数关系：

（1） $y = 2^{x+a} + b$；（2） $y = \log_2(x+a) + b$；（3） $y = x^{a+2} + b$；（4） $y = A\sin(\omega x + \phi) + B$。请你选择适当的函数模型，并给予合理的解释（不需要求出最终的解析式）。

5. 假设某人准备从事某项投资，他首先投入本金 a 元，得到的利润是 b 元，则收益率为 $\dfrac{b}{a}$ (%)；之后每次都定期追加投资 m 元，每次得到的利润也都是 m 元，若这个人一共投资两次（包括第一次的 a 元），那么他两次投资

的总收益率是_____

6. 在一个正方体中，如果截面是五边形，可以截出几类不同的无边形，为什么?

7. 对于实数 x，[x] 表示不超过 x 的最大整数，观察并填写下列等式。

$\left[\sqrt{1}\right]+\left[\sqrt{2}\right]+\left[\sqrt{3}\right]=$_____3

$\left[\sqrt{4}\right]+\left[\sqrt{5}\right]+\left[\sqrt{6}\right]+\left[\sqrt{7}\right]+\left[\sqrt{8}\right]=$_____10

$\left[\sqrt{9}\right]+\left[\sqrt{10}\right]+\left[\sqrt{11}\right]+\left[\sqrt{12}\right]+\left[\sqrt{13}\right]+\left[\sqrt{14}\right]+\left[\sqrt{15}\right]=$_____

按照以上规律，猜想第 n 个等式右边的结果。

8. 某同学在证明勾股定理的过程中，用了这样的方法:

$\because \quad \sin^2 x + \cos^2 x = 1$

$\therefore \quad \dfrac{a^2}{c^2} + \dfrac{b^2}{c^2} = 1$

$\therefore \quad a^2 + b^2 = c^2$

请你分析，这个证明方法有问题吗？给出你的理由。

9. 非空集合关于一运算，满足：

（Ⅰ）对集合中两个任意元素，经过该运算后依然属于该集合；

（Ⅱ）该集合中存在"零元"，其与集合中任一元素进行该计算后等于元素本身，则称该集合关于某运算为"融洽集"。

请根据以上内容，判断下述集合关于给定运算是否为"融洽集"，并给出理由。

（1）$G = \{x \mid x \in N, x > 0\}$，运算法为普通加法 $+$；

（2）$G = \{x \mid x = 2n, n \in N\}$，运算法为普通乘法 $\times$。

10. 比较 $\sqrt{3} - \sqrt{2}$，$2 - \sqrt{3}$，$\sqrt{5} - 2$，$\sqrt{6} - \sqrt{5}$……的大小关系。

11. 如下面一组数列：1，2，4，8，16，32，64……从第二项开始，每一项与它的前一项的比等于同一个常数，这个数列就叫作等比数列，其中第一项叫作首项，这个常数叫作等比数列的公比。请类比写出"等积数列"的定义，若已知等积数列的首项为 3，公积为 12，试表示出这个数列中的所有的数。

12. 凸多边形是指：如果把一个多边形的所有边中，任意一条边向两方无限延长成为一直线时，其他各边都在此直线的同旁。同学们能否根据凸多边形的定义，给出凸多面体的定义？

13. 请同学们想象风筝的形状，并尝试进行以下研究过程：（1）试着画出风筝的图形；（2）写出"筝形"的特点；（3）请试着给出筝形的定义。

14. 请你思考，除用量角器之外，还有哪些办法可以判断一个角是否为直角？请尽量多地写出判断的办法，并且解释这样判断的道理。

15. 我们小学时学习了图形，初中时学习了平面几何，高中要学习立体几何，请同学们思考，几何中哪些部分最重要？几何研究的根本问题是什么？几何中有哪些数学思想？

16. 学校宿舍与办公室相距 am，某同学有重要材料要交给老师，从宿舍出发，先匀速跑步 3min 来到办公室，停留 2min，然后匀速步行 10min 返回宿舍，这个过程中，将学生的速度看成时间的函数，画出图像。

17. 从一个点引出三条不在同一平面内的射线，用一个平面截这三条射线，所得到的图形就是三棱锥。从一个点引出四条射线，其中任意三条射线不在同一平面上，用一个平面截这四条射线，所得到的图形就是四棱锥。

（1）请你仿照三棱锥和四棱锥的定义，尝试给出五棱锥和 n 棱锥的定义。

（2）请你找出棱锥的顶点数、面数及棱数之间的关系，并给出理由。

18. 定义在 R^+ 上的函数 $f(x)$，对于任意的 m，$n \in$，都有 $f(mn)=f(m)+f(n)$ 成立，当 $x>1$ 时，$f(x)<0$。证明：函数 $f(x)$ 在 R^+ 上是减函数，试举出一个具有这样性质的函数。

附录三　专家咨询问卷

高中生数学抽象能力测评框架专家问卷

尊敬的专家：

您好！

为了更好地对高中生数学抽象能力进行测评，描述其发展水平，进而分析其与《普通高中数学课程标准（2017 年版）》的一致性程度，编制了"高中生数学抽象能力测评框架专家问卷"，**问卷共 2 页**，涉及**测评框架的主题内容、横向维度与纵向水平**，您是这方面的专家，恳请您对此提出您宝贵的意见，感谢您的支持。

您所在学校：_____

您的职业：高中数学教师____数学教研员____高校数学教育研究者____

高中生数学抽象能力测评框架专家咨询问卷

表现形式	纵向水平	横向维度		非常同意	比较同意	中立	比较不同意	非常不同意
		数量关系	空间图形					
概念规则	水平一	能够在熟悉的情境中直接抽象出数学概念和规则，并解释数学概念和规则的含义，结合实际情境解释相关抽象概念						
	水平二	能够在关联的情境中抽象出一般的数学概念与规则，用恰当的例子解释抽象的数学概念与规则，能够使用一般的概念解释具体现象，理解用数学语言表达的概念与规则						

续表

表现形式	纵向水平	横向维度		非常同意	比较同意	中立	比较不同意	非常不同意
		数量关系	空间图形					
概念规则	水平三	能够通过数学对象、运算或关系理解数学的抽象结构，把握研究对象的数学特征并用数学语言予以表达，能够利用数学原理解释自然现象和社会现象						
数学命题	水平一	能够在特例的基础上归纳并形成简单的数学命题，了解数学命题的条件与结论，了解用数学语言表达的推理和论证						
	水平二	能够将已知的数学命题推广到更一般的情形，理解数学命题的条件与结论，能够理解用数学语言表达的推理和论证						
	水平三	能够在得到的数学结论基础上形成新的数学命题，能够理解数学结论的一般性						
思想方法	水平一	能够在熟悉的情境中抽象出数学问题，模仿学过的数学方法解决简单问题，在解决相似问题过程中，感悟数学的通性通法，体会其中的数学思想						
	水平二	能在新的情境中选择和运用数学方法解决问题，能够提炼出解决一类问题的数学方法，理解其中的数学思想						
	水平三	能够在综合情境中抽象出数学问题，并用恰当的数学语言予以表达，对具体的问题运用或创造数学方法解决问题，能够感悟数学通性通法的原理和其中蕴含的数学思想						

后 记

本书为笔者 2018 年承担的河北省社会科学基金青年项目"高中生数学关键能力与课程标准一致性研究"（项目编号：HB18JY053）的最终成果，特谢资助。

行文至此，百感交集。余思立项之欣喜，研究之艰辛，收尾之释然，其中苦乐，莫可名状，非历经者不能触也。

追忆过往，常伏案至夜深，因冥思不得而恼，因灵感突发而幸。孤力难成事，遂旁听而明，皆因与师朋论之，与同事辩之，与学者求之，以解众惑。

感谢同窗，多次发放问卷；感谢挚友，屡次提供思路；感谢师长，数次指点迷津；感谢妻子，每次稳定后方。

感谢你，叮嘱"爸爸天天动电脑"。

人无完人，文难至善。能力所及，就此搁笔。

然此题尚存，以待同道贤者探之。

朱立明

2020 年 4 月